Selección y adecuación de la imagen para productos editoriales

Alessandra Galimberti Prince

ic editorial

Selección y adecuación de la imagen para productos editoriales
© Alessandra Galimberti Prince

1ª Edición

© IC Editorial, 2025

Editado por: IC Editorial
c/ Cueva de Viera, 2, Local 3
Centro Negocios CADI
29200 Antequera (Málaga)
Teléfono: 952 70 60 04
Fax: 952 84 55 03
Correo electrónico: iceditorial@iceditorial.com
Internet: www.iceditorial.com

ISBN: 978-84-1184-723-0
Depósito Legal: MA 576-2025

Impresión: PODiPrint
Impreso en Andalucía – España

Nota de la editorial: IC Editorial pertenece a Innovación y Cualificación S. L.

Presentación del manual

El **Certificado de Profesionalidad** es el instrumento de acreditación, en el ámbito de la Administración laboral, de las cualificaciones profesionales del Catálogo Nacional de Cualificaciones Profesionales adquiridas a través de procesos formativos o del proceso de reconocimiento de la experiencia laboral y de vías no formales de formación.

El elemento mínimo acreditable es la **Unidad de Competencia.** La suma de las acreditaciones de las unidades de competencia conforma la acreditación de la competencia general.

Una **Unidad de Competencia** se define como una agrupación de tareas productivas específica que realiza el profesional. Las diferentes unidades de competencia de un certificado de profesionalidad conforman la **Competencia General,** definiendo el conjunto de conocimientos y capacidades que permiten el ejercicio de una actividad profesional determinada.

Cada **Unidad de Competencia** lleva asociado un **Módulo Formativo,** donde se describe la formación necesaria para adquirir esa **Unidad de Competencia,** pudiendo dividirse en **Unidades Formativas.**

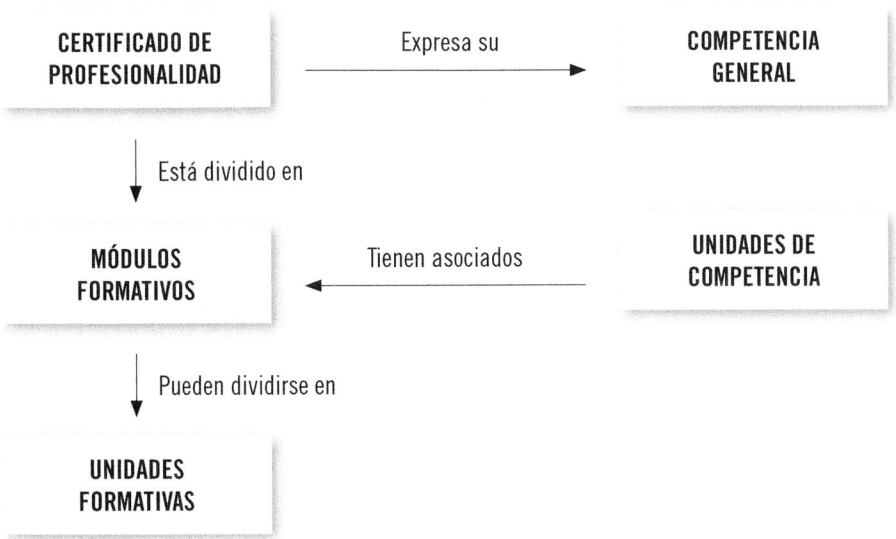

El presente manual desarrolla la Unidad Formativa **UF1906: Selección y adecuación de la imagen para productos editoriales,**

perteneciente al Módulo Formativo **MF0933_3: Organización de contenidos editoriales,**

asociado a la unidad de competencia **UC0933_3: Organizar los contenidos de la obra,**

del Certificado de Profesionalidad **Asistencia a la edición.**

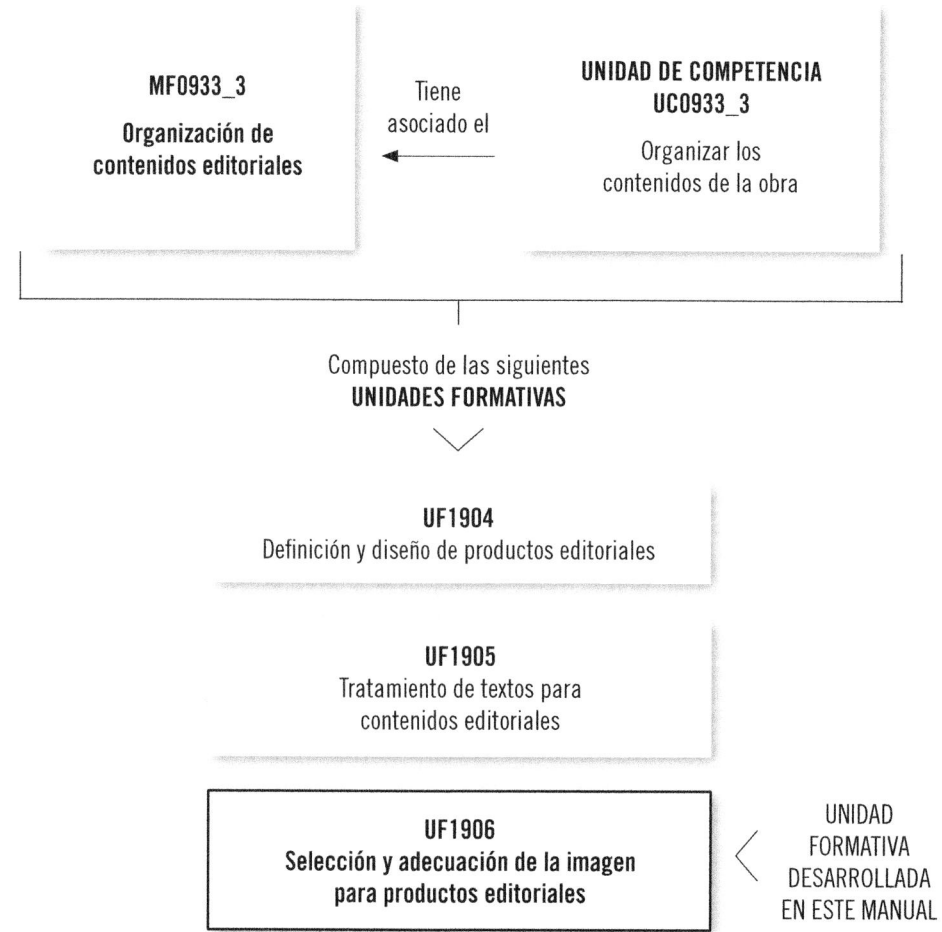

FICHA DE CERTIFICADO DE PROFESIONALIDAD

(ARGN0210) ASISTENCIA A LA EDICIÓN (R. D. 1520/2011, de 31 de octubre)

COMPETENCIA GENERAL: Asistir y colaborar en la gestión y edición editorial, realizando la corrección estilística y ortotipográfica de textos, gestionando la contratación de los derechos de autor de textos e imágenes y organizando los contenidos de la obra, manteniendo los criterios y calendarios del programa de la editorial.

Cualificación profesional de referencia		Unidades de competencia	Ocupaciones o puestos de trabajo relacionados:
ARG292_3: ASISTENCIA A LA EDICIÓN (R. D. 1135/2007, de 31 de agosto)	UC0931_3	Colaborar en la gestión y planificación de la edición	• 2921.1032 Corrector de estilo • 2921.1069 Lectores de originales • 3129.1086 Técnico editor • 4222.1023 Corrector ortográfico • Asistente de editor de libros • Asistente de editor digital • Técnico en derechos de autor • Asistente de editor de fascículos • Asistente de editor de revistas • Asistente de agente literario
	UC0932_3	Corregir los textos de forma estilística y ortotipográfica	
	UC0933_3	Organizar los contenidos de la obra	
	UC0934_3	Gestionar la contratación de derechos de autor	

Correspondencia con el Catálogo Modular de Formación Profesional

Módulos certificado	Unidades formativas	Horas
MF0931_3: Gestión y planificación editorial	UF1900: Gestión del producto editorial	70
	UF1901: Presupuesto, viabilidad y mercado del producto editorial	50
MF0932_3: Corrección de textos de estilo y ortotipografía	UF1902: Corrección de textos	60
	UF1903: Elaboración de reseñas para productos editoriales	40
	UF1904: Definición y diseño de productos editoriales	70
MF0933_3: Organización de contenidos editoriales	UF1905: Tratamiento de textos para contenidos editoriales	60
	UF1906: Selección y adecuación de la imagen para productos editoriales	50
MF0934_3: Contratación de derechos de autor		90
MP0400: Módulo de prácticas profesionales no laborales		80

III

Índice

Capítulo 1
Selección de imágenes para productos gráficos

Contenido

1. Introducción

En este primer capítulo, se van a presentar los elementos básicos y las consideraciones fundamentales que se han de tener en cuenta a la hora de seleccionar las imágenes destinadas a un producto editorial.

Esta etapa de la selección constituye un momento crucial dentro del proceso de elaboración del producto editorial, por lo que es fundamental contemplarla en el cronograma de actividades, para poder cumplir con los requerimientos calendáricos establecidos.

Entendemos por imagen tanto la representación visual de algo real, que preexiste de manera concreta y es perceptible perfectamente a través de los ojos, gracias al sentido de la vista, como la representación de todo aquello que, siendo abstracto, es intangible, como una idea, un concepto, un deseo o un sentimiento.

El retrato de una persona, por ejemplo, constituye una representación visual de alguien que preexiste, mientras que la imagen de un logotipo condensa y transmite una idea abstracta. A su vez, el retrato de la persona cuenta igualmente con un componente intangible, en la medida que transmite a quien lo mire una serie de sentimientos, sensaciones o ideas abstractas.

Esto lleva a comprender que la imagen es un vehículo visual de comunicación donde intervienen e interactúan por lo menos tres elementos básicos: el emisor, es decir, la persona que realiza la imagen con su manera única de mirar y traducir lo que ve o lo que tiene en mente; la imagen, producida con todos sus atributos, y por último, el receptor de esa imagen y su forma personal de percibirla e interpretarla.

Pero paso a paso: en las páginas siguientes, se hará un repaso de las características principales a las que hay que prestar especial atención a la hora de valorar imágenes cara al producto en el que se esté trabajando. Se comprenderán los diferentes tipos de imágenes existentes y la preponderancia actual de la imagen digital sobre la analógica.

2. Características de las imágenes

Las imágenes están constituidas por tres grandes componentes básicos, que se complementan entre sí, y que, entre todos, garantizan unos estándares de calidad normalizados. Como responsables de la selección de las imágenes para un proyecto editorial, el reto será asegurar el mejor equilibrio entre un elemento y otro. Estos componentes son los siguientes:

- **Componente técnico:** se refiere a las características formales y procedimentales de las imágenes. Este es un componente fundamental, en la medida que una fotografía de mala calidad habrá de ser descartada inmediata y automáticamente.
- **Componente visual-estético:** se refiere al componente creativo, original, artístico de la imagen. La cualidad artística de la foto puede proporcionar un valor añadido al producto editorial.
- **Componente semántico:** se refiere al significado e intencionalidad de lo representado en la imagen. Esta característica debe servir de guía para garantizar que la imagen escogida transmita de la mejor manera posible el mensaje implícito o explícito deseado.

Por otro lado, es usual que las casas editoriales manejen un libro de estilo donde especifiquen las características básicas que han de tener las imágenes que se publiquen, por lo que también habrá que conjugar la calidad de los componentes básicos constitutivos de toda imagen con los requerimientos específicos de cada editorial.

También es importante resaltar la importancia de ajustar las tareas de selección y adecuación de las imágenes en el tiempo, para asegurar el cumplimiento exacto del calendario de producción de la editorial.

Por ejemplo, se pueden organizar las actividades en una matriz de acuerdo con el diagrama de Gantt:

ACTIVIDADES	SEMANA 1	SEMANA 2	SEMANA 3	SEMANA 4
Recepción manuscrito				
Corrección de estilo				
Selección imágenes				
Edición de imágenes				

2.1. Características técnicas

Las características técnicas, también conocidas como características formales, son de gran importancia, en la medida que son las que van a garantizar que las imágenes escogidas se puedan trasladar y reproducirse de la mejor manera en el soporte final escogido: un libro, un calendario, una valla publicitaria o, también, una página web.

Hoy en día, las imágenes que se usan en el sector editorial y gráfico en general son mayormente **digitales.**

Los mapas antiguos pueden ser digitalizados haciendo uso de un escáner. De esta manera, se pueden reproducir en diferentes soportes, sobre papel u otro material, cuantas veces se quiera.
(© Fotografía: ArtsyBee, / Pixabay.com)

El carácter digital de una imagen puede **ser de origen o, lo que es lo mismo, de raíz,** en el caso de aquellas que han sido creadas directamente con dispositivos electrónicos y/o informáticos (una cámara digital o un ordenador). De igual manera, el carácter digital puede ser resultado de un **proceso de digitalización;** en este caso, una imagen originalmente en papel (una foto antigua, una estampa, un grabado o cualquier otro tipo de imagen en un soporte físico) se digitaliza con un escáner. Para ello, habrá que asegurarse de que este sea de tipo profesional y no comercial, con el fin de obtener una imagen de gran definición y alta resolución. El escaneo tiene además la ventaja de que reproduce y conserva todas las cualidades estéticas del original físico.

Actividades

1. Realice un listado de imágenes no digitales que pudieran ser digitalizadas con vistas a usarlas en un proyecto editorial.

Sea cual sea su origen, se pueden distinguir dos tipos de imágenes diferentes:

- **Imágenes vectoriales:** son aquellas que están conformadas por fórmulas matemáticas y formas geométricas. Esto significa que se pueden agrandar o empequeñecer todo lo que se quiera, sin el riesgo de que pierdan calidad intrínseca y visual. Se pueden aplicar, sin el riesgo de perder calidad visual, tanto en una pegatina de 5 x 5 cm como en una gran lona que recubra la fachada de un edificio. Un logo, diseñado en el *software* de *Adobe Illustrator,* es un ejemplo típico de imagen vectorial.

Los logos son imágenes vectoriales, se pueden agrandar o reducir en tamaño sin que haya pérdida de calidad. (© Fotografía: Shazidesigns, / Pixabay.com)

- **Imágenes de mapa de bits:** son también conocidas como imágenes rasterizadas. Son aquellas que están conformadas por una cuadrícula de píxeles ordenados en filas y columnas. La calidad depende de la cantidad de estos elementos presentes en la imagen. Una fotografía es la imagen rasterizada más común. Si se hace *zoom* sobre ella, se pueden apreciar claramente los píxeles, de forma cuadrada, que la conforman.

 Importante

Las imágenes rasterizadas pierden calidad a la hora de escalarlas.

Las imágenes rasterizadas están compuestas por un sinfín de píxeles ordenados en columnas y filas. (© Fotografía: Tumisu, / Pixabay.com)

Dado que estas imágenes de mapa de bits son las que representan un mayor desafío, en las páginas que siguen se hará hincapié en aquellas características técnicas específicas que habrá que considerar a la hora de querer incorporarlas en algún producto editorial.

Actividades

2. Busque en internet cuáles son las imágenes vectoriales más comunes.

Aplicación práctica

Mercedes ha entrado a trabajar en una editorial especializada en arte. Le han pedido que se haga cargo de las imágenes que han de incluirse en un libro que están editando que consiste en la recopilación de dibujos que el artista ha realizado a lo largo del tiempo sobre servilletas de papel, cada vez que acudía a un bar o restaurante.

Continúa en página siguiente >>

12

<< Viene de página anterior

Sugiera a Mercedes el camino que seguir para la adecuada reproducción de los dibujos para el libro.

SOLUCIÓN

Los dibujos que reproducir se encuentran plasmados en servilletas de papel, es decir, en un soporte físico. Estas podrían ser fotografiadas por alguien experto, pero lo más idóneo, rápido y menos costoso es digitalizarlas con un escáner. Habrá que asegurarse de que el escáner sea de tipo profesional, capaz de hacer digitalización con alta resolución y definición. El escaneo también va a ayudar a poner en realce el soporte mismo de la servilleta, que constituye el encanto y valor distintivo del libro que se planea publicar.

Profundidad y modo de color

La profundidad de color se refiere a la gama de gradaciones de color y brillo de una imagen. Viene dada por la cantidad de bits que están incluidos en cada uno de los píxeles que conforman una imagen. Y es que cada píxel está conformado a su vez por estos elementos, llamados bits, que son los que guardan la información acerca del color y el brillo de cada uno de los píxeles. Cuantos más bits contengan los píxeles (bpp), más profundidad de color y detalles cromáticos tendrá la imagen en su conjunto.

Al hacer clic sobre el botón derecho del ratón, se despliega un cuadro de diálogo que permite acceder a las propiedades básicas de la imagen. Ahí mismo se pueden revisar las cantidades de píxeles y de bits con las que cuenta.

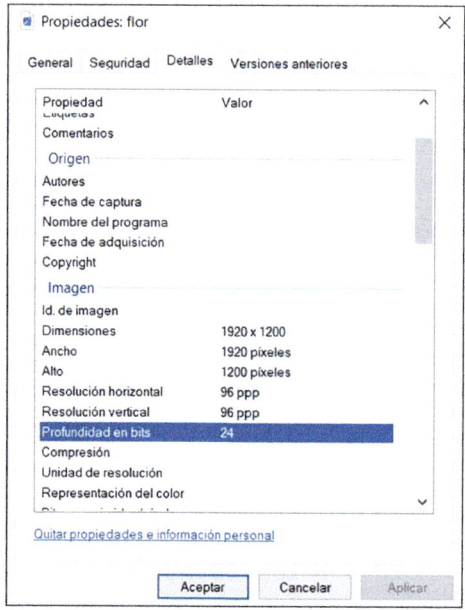

Las especificaciones básicas de una imagen se encuentran en la ventana emergente que aparece al dar clic con el botón derecho.

 Ejemplo

Suponga el caso de la imagen del recuadro de arriba, que mide 1920 píxeles de alto por 1.200 píxeles de ancho, y que cuenta con una profundidad de color de 24 bpp. Al multiplicar 1920 x 1200 x 24, se obtendrá un total de 55.296.000 bits, es decir, el valor de las distintas variaciones de color y brillo.

Por su parte, **el modo de color** hace referencia a la manera en que se forman los colores que se perciben con los ojos. El modo varía dependiendo de si se trata de una imagen impresa o en soporte electrónico. Existen varios modos de color, pero los dos más comunes, con los que se trabaja mayormente en los proyectos editoriales, son dos: el RGB y el CMYK.

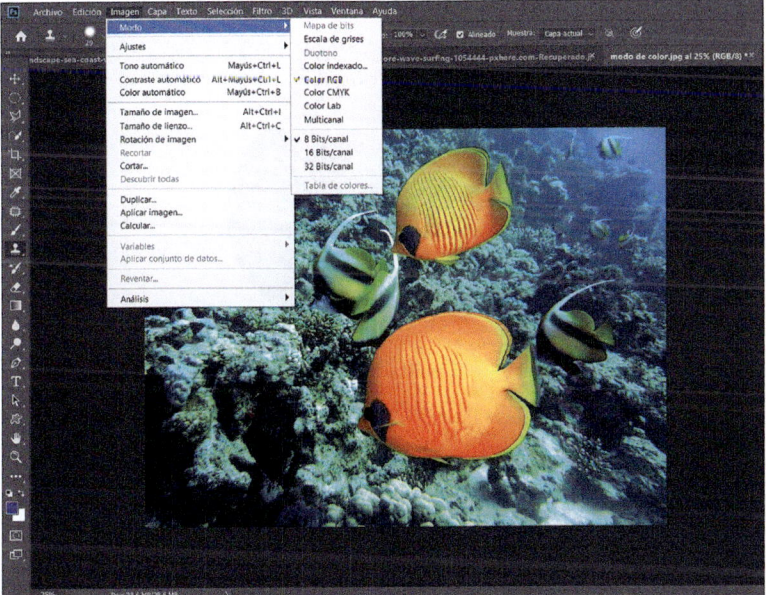

Los colores que se ven en las imágenes abiertas en las pantallas de los ordenadores están en modo RGB y son una síntesis aditiva de luces de colores.

El modo RGB es el asociado a las imágenes electrónicas, es decir, aquellas que se utilizan en los proyectos editoriales que tendrán como soporte final cualquier dispositivo digital.

El término RGB corresponde con las iniciales en inglés de *red* (rojo), *green* (verde) y *blue* (azul), que son los tres colores básicos a partir de los cuales se forma toda la amplísima gama cromática disponible en los ordenadores. Los colores a los que se tiene acceso **se forman a partir de una síntesis aditiva,** a partir de la luz que desprenden los dispositivos, es decir, a partir de la suma de los colores lumínicos primarios. Esto quiere decir que no se está añadiendo tinta, sino solamente información lumínica. De esta manera, sumando mayor o menor cantidad de cada uno de los colores básicos, se van definiendo las diferentes tonalidades disponibles. Así, por ejemplo, el blanco será el resultado de la suma en partes iguales de los tres colores, mientras que el negro se corresponde con la oscuridad, es decir, con la ausencia de luz.

Los colores que conforman el modo de color RGB son de carácter aditivo.

Esto lleva a entender dos cosas fundamentales relativas al color: la primera es que el color está asociado a **la luz**; la segunda, que el ojo humano tiene una **capacidad limitada de percepción cromática.**

Y es que **el color** no es otra cosa que una longitud de **onda magnética que se percibe con los ojos:** todos los objetos reciben el impacto de la luz o, dicho de otra manera, de la energía electromagnética de la luz. Al recibir el impacto de esta energía, se pueden producir básicamente dos reacciones: absorción de algunas de las ondas de esa energía, lo cual genera en el ojo humano la percepción del color negro, o reflejo de otras ondas, lo cual genera la percepción de los colores.

Dependiendo de la longitud de esas ondas reflejadas, se percibirá un color u otro. Ahora bien, el ojo humano tiene sus limitaciones, ya que puede percibir solamente los colores que se encuentran en un rango determinado de ondas, específicamente las que están entre los valores de 380 y 780 nm, que es la unidad de medida de longitud que se usa para medir las ondas. Dentro de este rango de valores, se puede distinguir el rojo, el anaranjado, el amarillo, el verde, el cian, el azul y el violeta. Por debajo de los 380, se encuentra el espectro de la luz ultravioleta, y por encima de los 780, se localiza el espectro de la luz infrarroja. Ambos espectros son invisibles al ojo humano, a menos que se recurra a la tecnología y al uso de dispositivos ópticos especiales.

Espectro visible
Longitud de onda en nanómetros

400	450	500	550	600	650	700	750
(ultra) violeta	azul	cyan	verde	amarillo	naranja	rojo	infra

Los colores visibles para el ojo humano están comprendidos en los 380 y 780 nm.

El modo CMYK es el modo de color que se usa para los proyectos editoriales que se van a imprimir, como libros, carteles, trípticos, embalajes, etc. Contrariamente al anterior, que tiene como soporte la luz de los dispositivos electrónicos, el modo CMYK está conformado por una **síntesis sustractiva** a partir del color blanco del papel donde se han de imprimir. Los colores básicos de este modo son el cian (celeste), el magenta (fucsia), el *yellow* (amarillo) junto con el *black* (negro), que vendría a ser el color oscuro que se aproxima al negro.

Aparte de los dos modos de color señalados arriba, existen otros más, como el modo **escala de grises,** que se basa en la gama de matices de grises que existen entre el blanco absoluto y el negro absoluto; el modo duotono, que es un derivado de la escala de grises; o el modo **Lab,** otro sistema de percepción y catalogación de los colores de acuerdo con la menor (0) o mayor (100) luminosidad en dos ejes cromáticos: el que va del rojo al verde y el que va del amarillo al azul.

Los colores que conforman el modo de color CMYK son de carácter sustractivo.

| 17

Tamaño digital y peso de la imagen

El tamaño digital y el peso constituyen dos elementos interrelacionados que hay que tener en cuenta a la hora de escoger una imagen. Dependiendo del uso que se piensa hacer de esta, convendrá una imagen de mayor o menor tamaño. Si, por ejemplo, la imagen se va a utilizar en un soporte electrónico, no conviene que sea de un tamaño muy grande y/o que pese demasiado, porque puede ralentizar el tiempo de carga y entorpecer así la experiencia del usuario a la hora de visitar una página web.

El **tamaño digital** se refiere fundamentalmente a la cantidad de píxeles que tiene la imagen a lo ancho y lo alto. No es una medida convencional de las que se utiliza para medir objetos físicos, porque las imágenes digitales son adaptables a las medidas variables según los diferentes dispositivos donde se visualizan, ya sea una pantalla de un teléfono móvil, una *tablet* o un ordenador de grandes dimensiones.

El **peso,** en cambio, se refiere a la cantidad total de píxeles que la conforman, junto con la totalidad de la información que encierran sobre brillo y color. Dependiendo de la ecuación de estos valores, el archivo tendrá un mayor o menor peso. Otra vez, esta cantidad es resultado de la totalidad de píxeles por el valor de los bits por píxel.

Dado que las cifras resultantes suelen ser muy elevadas, se recurre a una serie de unidades de medida más grandes para englobarlas:

- 1 byte = 8 bites
- 1 kilobyte (kb) = 1.024 bytes
- 1 megabyte (MG) = 1.024 kilobytes
- 1 gigabyte (GB) = 1.024 megabytes

Esto significa que los 55.296,000 bytes del ejemplo citado más arriba corresponden a un peso de:

- 6.912.000 bytes
- 6.750 kb
- 6,591 MB
- 0,006 GB

 **Actividades**

3. Revise en el ordenador cualquier imagen digital que tenga a mano y fíjese en qué unidad de medida está señalado su tamaño.

Resolución

La resolución tiene que ver con la densidad de píxeles que se concentran en el espacio comprendido en una pulgada (ppp), es decir, de acuerdo con nuestro sistema de medida, en el espacio de 2,54 cm. Cuantos más píxeles se concentren en ese espacio, más resolución tendrá la imagen; en cambio, si el número de píxeles por pulgada es reducido, entonces la imagen queda abierta, como si estuviera porosa, porque sus píxeles están muy repartidos y dispersos en la superficie.

Sin embargo, dependiendo del soporte, las necesidades de resolución varían: si la imagen se va a utilizar en dispositivos móviles, una resolución de 72 ppp es más que suficiente; en cambio, si se quiere imprimir esa imagen, habrá que garantizar una resolución de 300 ppp, pues de lo contrario la imagen saldrá pixelada.

La resolución, es decir, el número de píxeles por pulgada, es un valor que se decide y se marca en el *software* que se está utilizando para manipular la foto, es decir, que no está dado de antemano por la imagen.

Se puede modificar la resolución de acuerdo con las necesidades editoriales en el cuadro de diálogo correspondiente.

Tamaño físico de impresión

En relación íntima con la resolución, el **tamaño físico** se refiere a las medidas convencionales (centímetros, pulgadas) a las que se puede imprimir de manera óptima una imagen para evitar que aparezca precisamente pixelada. Se trata pues de valorar si una imagen digital dada cuenta con los requerimientos necesarios para poderla trasladar a un soporte físico, garantizando así su calidad.

Dependiendo del tamaño digital y de la resolución que quiera obtener, la imagen soportará unas medidas físicas u otras. En el caso, por ejemplo, de querer imprimir con una resolución de 300 ppp una imagen que mide digitalmente 1.200 píxeles de alto x 1.500 píxeles de ancho, ¿cómo saber la medida física resultante? Para ello hay que hacer una simple operación, teniendo en cuenta que, como se señala arriba, 1 pulgada equivale a 2,54 cm:

- Alto: 1.200/300 = 4 pulgadas x 2,54 cm = 15,24 cm
- Ancho: 1.500/300 = 5 pulgadas x 2,54 cm = 12,70 cm

Ello quiere decir que, cuanta mayor sea la resolución, menor será el tamaño físico al que se puede imprimir; y al revés, cuanta menor resolución, mayor el tamaño de la impresión. Así, una vez obtenidas las medidas de impresión, se puede determinar si esa imagen cumple o no con los requerimientos de medición del proyecto editorial que se está desarrollando.

 Aplicación práctica

Juan trabaja en una revista de viajes que se distribuye mensualmente en los principales quioscos del país. Es una revista a color con un formato de A4. Uno de los colaboradores le ha mandado para su publicación un reportaje sobre los mercados tradicionales de Bangkok en Tailandia. Junto al texto, le ha hecho llegar una serie de fotografías. Hay una en particular que le gusta sobremanera: quisiera reproducirla en grande para que ocupe toda una página.

¿Qué tiene que hacer Juan para determinar si la imagen que le gusta se presta para su reproducción, teniendo en cuenta que tiene una dimensión digital de 4.200 x 7.400 píxeles?

SOLUCIÓN

Dado que la fotografía se ha de imprimir, Juan debe garantizar una resolución de 300 ppp. Por ello habrá de cerciorarse de que la foto soporte, a esa resolución, un tamaño físico de, por lo menos, 21 cm de ancho por 29,7 cm de alto, que es el que corresponde con el formato A4 de la revista. Para ello tendrá que hacer la siguiente operación matemática:

- Ancho: 4.200 / 300 = 14 pulgadas x 2,54 cm = 35,56 cm
- Alto: 7.400 / 300 = 24,6 pulgadas x 2,54 cm = 62,65 cm

Dado que las medidas resultantes superan las medidas mínimas, Juan podrá efectivamente usar la fotografía escogida para imprimirla en el tamaño que desea. En caso de que los resultados hubieran estado por debajo de los mínimos requeridos, Juan hubiera tenido que escoger otra imagen. Adicionalmente, tendrá que asegurar el modo de color CMYK para su adecuada reproducción.

 **Recuerde**

Tamaño digital y tamaño físico de las imágenes son dos conceptos diferentes: el primero se mide en píxeles y hace referencia a la cantidad de estos elementos existentes en una imagen; el segundo se mide en centímetros o pulgadas, y hace referencia a la superficie que ocupa en un espacio físico tangible.

Además de las cuestiones específicas que tienen que ver con el formato digital de las imágenes, también hay que valorar si **la toma en sí de la imagen** es aceptable y cumple con unos requerimientos técnicos básicos. Para ello, hay que tener en cuenta una serie de criterios. A continuación, se enlistan los principales.

Nitidez

La nitidez hace referencia a la claridad de la imagen, es decir, al hecho de que no aparezca borrosa ni desenfocada. Para ello, habrá que ver si tiene los contornos precisos y bien definidos. Cuanto más nítida, mejor se podrán apreciar los detalles. Las razones por las que una imagen carece de nitidez pueden se varias: movimiento de la cámara a la hora de disparar, velocidad del obturador inadecuada, mala calidad del sensor, mal enfoque, etc. También puede influir el mal estado de conservación: sería el caso, por ejemplo, de una estampa antigua deteriorada por el tiempo.

A la hora de tomar fotos es importante evitar mover la cámara, para prevenir imágenes desenfocadas. (© Fotografía: Stokpic, / Pixabay.com)

Acutancia

Hace referencia al contraste que se puede percibir en el límite entre elementos diferenciados. La acutancia está relacionada con la nitidez. Las imágenes que cuentan con un buen nivel de contraste serán de gran nitidez.

Ruido

El ruido, también conocido como grano, es una malformación de algunos píxeles, que se traducen en manchas, parecidas a una llovizna, que restan calidad a una imagen. Aparece cuando existe alguna alteración en la información contenida en los píxeles. Se puede distinguir una variedad de ruidos. Aquí se mencionan los más comunes:

- **Ruido de luminancia:** es el más habitual y se produce cuando hay una alteración en cuanto al brillo de los píxeles.
- **Ruido de color:** en este caso, se presenta una alteración a nivel de la información sobre color de los píxeles.
- **Ruido impulsional:** el efecto que produce es el de una llovizna de puntos negros sobre los fondos claros o viceversa. Suele ser ocasionado por la existencia de polvo en la lente de la cámara a la hora de hacer la fotografía.
- **Ruido gaussiano:** todos los píxeles sufren una alteración, dando como resultado una transformación pareja de la imagen.

Adaptabilidad

La imagen que se vaya a escoger ha de poderse adaptar sin problema al soporte final donde se va a reproducir. Para ello, hay que tener en cuenta que no es lo mismo reproducir una imagen a la que hay que dotar de movimiento para una animación que una imagen que se va a reproducir, por ejemplo, en un imán de nevera o para una publicidad en una marquesina de autobús.

A la hora de seleccionar la imagen hay que tener en cuenta qué uso se le va a dar y el tamaño al que se quiere imprimir. (© Fotografía: AuthenticVision / Shutterstock.com)

 Sabía que...

La gigantografía hace referencia a las impresiones en gran formato, destinadas usualmente a la publicidad exterior en ámbito urbano.

2.2. Características visuales y estéticas

El segundo gran componente de las imágenes está dado por sus cualidades creativas y artísticas. Es fundamental, a la hora de elaborar un producto editorial, incorporar imágenes que respondan a esos parámetros.

Una imagen de calidad desde el punto de vista artístico ha de poder provocar una experiencia estética en quien la mire. De alguna manera, funciona como un estímulo que interpela el observador, lo engancha, permaneciendo en su memoria. Es una imagen a la que se regresa con gusto una y otra vez, para volverla a mirar y volver a sentir el mismo disfrute estético de la primera vez.

Para lograr una imagen artística hay que cuidar una serie de aspectos básicos, que detallamos a continuación.

Encuadre

El encuadre hace referencia al espacio delimitado por los bordes de la imagen, a todo lo que está comprendido dentro de ese espacio, es decir, a todos los elementos que se han incluido y que por lo tanto aparecen en la foto. Ello responde idealmente a la decisión consciente de lo que se quiere que se vea y, por ende, lo que no se quiere que aparezca. Un encuadre mal hecho excluirá elementos que tal vez convendría incluir o, viceversa, incorpora elementos que sobran o distraen la atención del observador.

Así, por ejemplo, si se quiere obtener un paisaje, el encuadre será amplio, mientras que, para obtener un retrato, el encuadre será más reducido, para brindar el protagonismo a la persona retratada.

Composición

Otro aspecto fundamental para obtener una imagen de calidad tiene que ver con la composición, es decir, con la forma en que son ordenados y distribuidos los elementos que aparecen en la foto. Una buena composición permitirá garantizar un equilibrio visual, a la vez que guiar la mirada de quien observa hacia el elemento que se quiere resaltar.

Existe un sinnúmero de reglas que permiten obtener una buena composición. Entre ellas se pueden mencionar las siguientes:

- **Regla de los dos tercios:** se trazan de manera imaginaria dos líneas verticales equidistantes de los bordes laterales del encuadre y dos líneas horizontales con las mismas características a partir de los bordes superior e inferior. Como resultado del cruce de las líneas se obtienen nueve rectángulos iguales. En este contexto, para obtener una buena composición se han de colocar los elementos importantes que se quieren resaltar justo en las intersecciones de las líneas. De este modo se logra construir el peso visual de la imagen, captando la atención del observador.

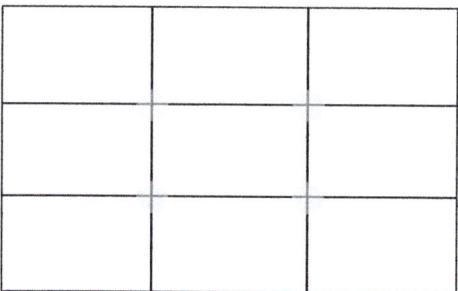

La regla de los dos tercios permite garantizar una buena composición de la imagen.

- **Regla de la proporción áurea:** es una de las reglas clásicas de la composición. Tiene su origen en la Grecia antigua y a día de hoy sigue vigente. Está basada en la geometría y las matemáticas. Hace referencia a la armonía de los diferentes elementos compositivos a partir del rectángulo áureo y el número áureo, que corresponde al valor 1,618 y es representado con la letra griega *phi,* en honor al escultor griego Fidias. El rectángulo áureo es la figura geométrica que guarda entre su anchura y su altura una relación del 1:1,618. Al superponer imaginariamente varios rectángulos áureos, es posible trazar una espiral perfecta que una cada uno de sus vértices. Al colocar los elementos importantes de la composición en el interior del rizo de esa espiral, se obtendrá la armonía perfecta, esa misma armonía con la que Fidias labró en el siglo V a. de C. las esculturas más icónicas e imponentes de Atenas.

Existen muchas muestras de arquitectura basada en el número aéreo.

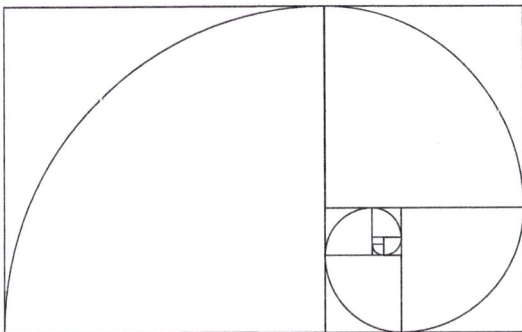

La unión de los vértices de los rectángulos va formando una espiral que respeta la armonía perfecta.

Una línea curva, como aparece en esta foto, marcada por el río, puede ser el elemento compositivo de una imagen.

- **Líneas:** las líneas son un elemento compositivo muy importante, porque son las que dotan de profundidad y perspectiva a las imágenes, permitiendo también jugar con diferentes planos. Así, se pueden colocar los diferentes elementos en función de: líneas horizontales, marcadas, por ejemplo, por el horizonte; líneas verticales, delineadas por una hilera de árboles; líneas curvas, dictadas por un camino zigzagueante, o inclusive, líneas diagonales, permitiendo jugar con el punto de cruce de estas y los diferentes triángulos que se formen. De igual manera, unas líneas paralelas permiten obtener un punto de fuga que parece extenderse hacia el infinito.

Sabía que...

La proporción áurea se refleja en muchas formas de la naturaleza. Por ejemplo, se puede apreciar en la forma de un caracol, en la de un ciclón o, incluso, en la de la oreja humana.

 Actividades

4. Revise en internet varias imágenes y trate de determinar qué reglas de composición han seguido.

Otros elementos visuales-estéticos

Aparte del encuadre y las reglas compositivas, se pueden valorar otros atributos visuales de las fotos que pueden incrementar o disminuir su calidad artística. Por ejemplo, el juego entre los claros y oscuros, las texturas, las formas o el número de elementos incluidos, teniendo en cuenta que a veces menos es más.

Las reglas se rompen

Así como hay reglas que ayudan a garantizar una calidad mínima consensuada, también está lo posibilidad de darle rienda suelta a la creatividad, transgredir los reglamentos y producir imágenes originales, llenas de poder estético. Pero ello se logra una vez que se dominan previamente las técnicas básicas. Solamente el dominio de estas permite trascenderlas y crear cosas nuevas.

2.3. Características semánticas

El tercer gran componente de las imágenes que se ha de tener en cuenta a la hora de seleccionarlas tiene que ver con sus características semánticas, es decir, con **las cualidades de significación e intencionalidad.**

Como se explicó más arriba, las imágenes son vehículos transmisores de mensajes. Su calidad, desde esta perspectiva, tendrá que ver con el mensaje, es decir, el contenido que se decida transmitir, y con la capacidad de la imagen para efectuar esa transmisión de la mejor manera a quien la observa.

De este modo, el poder de una imagen dependerá de su capacidad para condensar visualmente el qué y el para qué: qué es lo que se quiere transmitir y con qué fin.

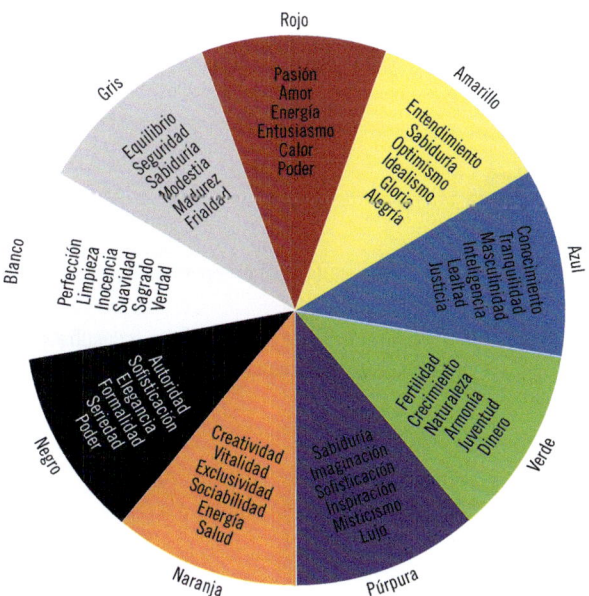

La psicología del color permite conocer la variedad de emociones asociadas a cada uno de los colores.

En este contexto, una imagen puede tener como objeto transmitir emociones (alegría, optimismo, tristeza, etc.), información, curiosidad, adhesión a una causa, deseo de/por algo, interés intelectual, conocimiento, persuasión, etc. En la transmisión de los mensajes juegan un papel muy importante los colores. De acuerdo con la **psicología del color,** cuyo precursor fue el poeta y científico alemán Johann Wolfgang von Goethe (1749-1832), quien reparó en el componente subjetivo de los colores, las diferentes tonalidades tienen un efecto directo en las emociones y estados de ánimos de los seres humanos. Esto implica que la manipulación de la paleta cromática puede despertar reacciones predefinidas en el observador.

 Ejemplo

La psicología del color define el color verde como transmisor de ideas en torno a la naturaleza y la salud, así como de estados de ánimos relacionados con la serenidad y el equilibrio.

 Actividades

5. Investigue quién fue Ansel Adams y analice esta frase suya: "Hay siempre dos personas en cada cuadro: el fotógrafo y el espectador".
6. Realice una investigación en internet de casas editoriales, consulte sus manuales de estilo e identifique los lineamientos que tienen con respecto a las imágenes. Compare.

 Recuerde

Recuerde la importancia de hacer siempre una valoración de las imágenes desde el punto de vista técnico, visual-estético y semántico.

3. Tipo de imágenes. Fotografía/ilustración

Además de las características revisadas arriba, existe un amplio abanico de imágenes, entre las que poder escoger según los requerimientos del proyecto editorial que se esté desarrollando. Cualquiera que se vaya a escoger debe, empero, cumplir con los mínimos técnicos de calidad descritos anteriormente.

3.1. Criterios para la selección de imágenes acordes con los requerimientos del producto

A la hora de escoger las imágenes, se han de tener en cuenta varios criterios. A continuación se indican los más relevantes.

Novedad

Se puede escoger una imagen preexistente para integrarla al proyecto o bien una imagen inédita que se realice expresamente de acuerdo con unos parámetros definidos. Optar por una imagen inédita ayuda a incrementar el valor de la publicación.

Fuente

Es posible obtener la imagen de diferentes fuentes: para ello, se puede recurrir a un **banco de imágenes.** En internet, hay varios de acceso gratuito. Estos suelen ser plataformas de intercambio de fotografías por parte de amantes de la foto. Hay otros bancos que ofrecen fotografías tras pagar una cuota determinada. Aparte, están los bancos de imágenes gestionados por grandes instituciones culturales, como pueden ser los museos, que resguardan patrimonio visual de diferente tipo y épocas.

Otra fuente de imágenes son los archivos personales o los archivos de las mismas casas editoras. Otra alternativa es contratar los servicios de un especialista para que las cree. En este caso, sería una imagen inédita. A la hora de encargarla, habrá que definir y transmitir a la persona responsable los parámetros de la imagen deseada, para que pueda desarrollar satisfactoriamente su cometido.

Sabía que...

La Fototeca del Instituto del Patrimonio Cultural de España es una institución del Ministerio de Cultura que conserva prácticamente medio millón de imágenes, que van desde el año 1844 a la actualidad. Se puede consultar los fondos del acervo y descargar las fotografías en baja resolución. En caso de necesitar imágenes en alta resolución, hay que pagar las tasas correspondientes.

 Actividades

7. Pixabay es un banco de imágenes *online*. Investigue en internet qué otros bancos de imágenes existen y cómo funcionan.

Derechos de autor

La **Ley de Propiedad Intelectual** determina que todas las imágenes cuentan, desde su misma creación, con derechos de autor. Son una serie de derechos reconocidos al creador de esas imágenes. Estos derechos incluyen el derecho moral (que hace referencia al reconocimiento irrenunciable de la autoría) y el derecho patrimonial (que tiene que ver con el derecho de explotación comercial y/o difusión). En este caso, el autor decide qué tipo de licencias puede conceder a un tercero en cuanto al uso de sus imágenes:

- **Imágenes con *copyright*:** el autor conserva sus derechos patrimoniales, lo que significa que, de querer reproducir su obra, habrá que solicitar su permiso y abonarle la tarifa correspondiente.
- **Imágenes *Creative Commons*:** en este caso el autor ha optado por la puesta en común de su creación con o sin condiciones. Por ejemplo, el autor puede liberar completamente la imagen para su uso totalmente

libre, sin restricciones, o bien puede otorgar el permiso de reproducción siempre y cuando no sea con fines comerciales.

- **Imágenes libres:** son las imágenes que han pasado a ser de dominio público porque los derechos patrimoniales han caducado. En España, los derechos patrimoniales caducan a los 70 años de haber fallecido el autor. Los derechos morales (los que garantizan la autoría) se mantienen, dado que esos sí son permanentes. Eso significa que es necesario atribuir la autoría correspondiente, aunque no se deban abonar los derechos patrimoniales.

Actividades

8. En internet puede encontrar la Ley de Propiedad Intelectual. Búsquela, revísela e identifique los artículos que hacen referencia a los derechos patrimoniales de las obras.

Aplicación práctica

Ignacio es el editor de un suplemento sobre cocina. El siguiente número estará dedicado a la cocina veraniega mediterránea. Ya tiene todos los textos que va a incluir, pero necesita imágenes. Por ahora tiene a mano cinco y necesita otras diez.

¿Cómo podrá surtirse Ignacio de las imágenes que necesita para su publicación y qué deberá tener en cuenta en cuanto a los derechos de autor?

SOLUCIÓN

En primer lugar, Ignacio podrá revisar el archivo fotográfico de la casa editorial donde trabaja, para ver si encuentra alguna imagen que le interese. Estas fotos suelen tener ya el permiso de uso liberado por parte del autor. Otra opción es encargarle a un fotógrafo la realización de las fotos que necesite. Y por último, otra posibilidad es recurrir a los bancos de imágenes, a los que se puede acceder fácilmente desde internet. En todos los casos, habrá que averiguar el tipo de derecho patrimonial asociado a las imágenes escogidas.

Movilidad

El grado de movilidad constituye uno de los principales criterios distintivos de las imágenes. En relación con ello, se distinguen dos grandes tipos:

- **Imagen fija:** es la que carece de movimiento. Se encuentra en reposo y representa algo en un estado "congelado". La fotografía es un claro ejemplo de imagen fija: el objeto fotografiado, aunque esté realizando algún tipo de movimiento, aparece inmovilizado.
- **Imagen en movimiento:** son aquellas imágenes que se pueden obtener en un formato de vídeo, cine o animación, donde hay una secuencia de imágenes. Esta sucesión permite desplegar una narrativa que puede conducir al observador hacia un punto deseado.

La fotografía congela el movimiento de las personas captadas por la lente.

Dimensionalidad

Hace referencia a cómo se perciben las imágenes, su perspectiva y profundidad. Aquí se distinguen dos grandes tipos:

- **Imagen bidimensional (2D):** es la imagen plana, aquella que se realiza según las dimensiones dadas por la altura y de anchura.
- **Imagen tridimensional (3D):** es una imagen que admite una tercera dimensión, correspondiente a la profundidad del objeto representado. Esta tercera variable permite apreciar el volumen y la perspectiva.

Técnica

Dependiendo de la técnica usada, se puede diferenciar entre un abanico de tipos de imágenes:

- **Fotografía:** imagen plana obtenida a través de dispositivos fotográficos.
- **Dibujo o ilustración:** es la representación bidimensional de un objeto haciendo uso de líneas y tonos. Tradicionalmente se realizaban a mano alzada con ayuda de lápices; hoy en día existen programas informáticos, como *Illustrator*, que brindan una infinidad de herramientas para la realización de ilustraciones de tipo vectorial, que luego, si fuera necesario, es posible rasterizar para convertirlas en mapa de bits. La ilustración, ya sea que se encargue o que se tome de un banco de imágenes, es un recurso muy válido para realzar contenidos. En caso de recurrir a ella, será simplemente necesario adecuar su estilo al del conjunto del producto que se está elaborando.
- **Infografía:** es una representación visual que, haciendo uso de imágenes y textos, condensa una información de manera clara y concisa.

Hoy en día existen muchas plataformas online que ofrecen plantillas para hacer infografías de mucha calidad. Estas plantillas, por ejemplo, proceden del sitio online de Canva.

- **Tabla:** es un diagrama donde se representan datos ordenados en filas y columnas.

- **Imagen sonora:** es una representación que recurre al sonido para estimular una imagen mental en el observador-oyente.
- **Cartografía:** es la imagen que representa superficies o zonas específicas del globo terráqueo, como en el caso de los mapas. Así, por ejemplo, dependiendo de las necesidades y/o criterios editoriales, se podrán realizar, a modo de ejemplo, mapas que señalan rutas de senderismo, de viñedos, de iglesias góticas, de paradores nacionales en una región específica, etc. A la hora de realizar este tipo de imágenes, habrá que tener en cuenta la temática y asegurar que incluya elementos básicos como la escala, los puntos cardinales de orientación y, lo más importante, los marcadores de los lugares que se quieren señalar.

Ficción / realidad

A la hora de escoger una imagen es interesante definir el grado de realismo que se quiere transmitir. Así, se pueden identificar tres tipos:

- **Imagen real:** aquella que refleja algo que existe en la realidad, como puede ser un retrato fotográfico.
- **Imagen realista:** imita algo que existe, como puede ser un retrato a lápiz, que representa de manera más o menos realista al modelo.
- **Imagen ficticia:** aquella que representa algo inexistente, fruto de la imaginación.

 Aplicación práctica

Manuela, que trabaja de *freelancer*, ha recibido un encargo de una ONG con la que viene colaborando desde hace tiempo. En esta ocasión le han entregado una serie de datos cuantitativos y cualitativos sobre la situación del hambre en el mundo y le han pedido que haga un póster con vistas a una campaña de sensibilización.

¿Qué sugerencia le haría a Manuela para resolver visualmente el cometido escogiendo el tipo de imagen más idóneo de acuerdo con las particularidades del encargo?

Continúa en página siguiente >>

<< Viene de página anterior

SOLUCIÓN

La infografía se presenta como la mejor opción, ya que permite sintetizar visualmente texto, imágenes y datos numéricos. Para las imágenes que incluir en la infografía, podría recurrir tanto a ilustraciones hechas a medida como a fotos que pudiera extraer de algún banco disponible en internet. Por otro lado, y teniendo en cuenta el público adulto al que va dirigido y el objetivo de la comunicación (la sensibilización con el problema de la hambruna), debería escoger una gama cromática adecuada, siguiendo los lineamientos dados por la psicología del color.

 Actividades

9. Busque imágenes hechas con inteligencia artificial que suplanten la realidad. Elabore un listado con las ventajas e inconvenientes de contar con este tipo de imágenes.

3.2. Idoneidad de la imagen

La mejor imagen no necesariamente corresponde con la más bonita, sino con la más idónea, aquella que responde mejor a los requerimientos del proyecto editorial a nivel técnico y artístico, y que cubra las necesidades de transmisión. Una imagen idónea añadirá, sin lugar a duda, valor a la publicación, siempre y cuando, sobra decirlo, cumpla con los estándares de calidad normalizados, revisados en las páginas anteriores.

En función de ello, y con el objeto de aproximarse a la idoneidad de la imagen que utilizar, se habrá de tener en cuenta los siguientes elementos:

a. **El tipo de producto:** la selección de una imagen puede variar dependiendo del tipo de proyecto editorial que se está elaborando (un libro, una revista, un calendario, etc.).

b. **Subproducto:** de igual manera, habrá que tener claridad del subproducto que se tiene en mente, pues no es lo mismo un libro de poesía que un ensayo o una novela gráfica; de la misma manera que no es lo mismo una revista científica que una revista de cocina.

c. **Criterios estilísticos de una colección:** en caso de que el producto sobre el que se esté trabajando se inserte en una colección prexistente, las imágenes deberán ser seleccionadas acorde con el estilo predeterminado. Así, por ejemplo, si se está trabajando en el cuarto volumen de una colección sobre arquitectura contemporánea, donde siempre se han incluido fotos de gran formato a color, entonces habrá que seguir siendo fiel a ese mismo estilo de imágenes.

d. **Público:** el consumidor final del producto editorial también desempeña un papel fundamental en la idoneidad de la imagen que escoger. Una imagen destinada a un público juvenil no tendrá el mismo efecto que ante un público adulto.

e. **El objetivo de comunicación:** definir cuál es el mensaje que se quiere transmitir es fundamental para poder pensar en aquella imagen que mejor pueda servir como vehículo transmisor.

f. **Soporte:** como se ha mencionado anteriormente, el soporte final en el que se va a reproducir la imagen es un factor fundamental que no se debe pasar por alto.

 Nota

La imagen más bonita no siempre es la más idónea para un proyecto editorial específico.

El soporte último donde se va a reproducir la imagen es un elemento determinante que tener en cuenta.

Aplicación práctica

En la empresa editorial donde trabaja Susana están editando un cuento infantil que aborda el valor de la solidaridad y la interculturalidad entre diferentes. Ya está casi todo listo, solo falta diseñar la portada. Se están barajando dos propuestas: usar una fotografía en blanco y negro donde aparezcan niños víctimas de conflicto o bien una ilustración colorida donde aparezcan niños y niñas jugando y tomados de la mano.

Ayude a Susana a tomar la decisión: ¿una u otra imagen?

SOLUCIÓN

Susana deberá en primer lugar valorar la idoneidad de cada una de las imágenes de acuerdo con estos criterios: tipo de producto (libro), subproducto (libro infantil), público (niños entre 6 y 8 años), objetivo de comunicación (valores positivos de empatía y respeto entre niños y niñas de diferentes culturas) y soporte (papel). En función de ello podrá determinar que la propuesta de la fotografía en blanco y negro no es tan idónea como la ilustración que se adapta mejor a las características de la publicación. Luego habrá que asegurarse de que la imagen escogida cumpla con todos los requerimientos técnicos para reproducirse.

3.3. Realce de los contenidos mediante ilustraciones

Las imágenes son fundamentales para poner en realce los contenidos de un producto editorial. Las imágenes a las que más se recurre son las fotografías y las ilustraciones. Mientras las fotos capturan un objeto fotografiable preexistente con multiplicidad de fines posibles, la ilustración puede representar con un dibujo la realidad, pero también crear desde la nada una imagen nueva, fruto de la creatividad. El objetivo fundamental de una ilustración en una publicación es, como sugiere la misma palabra, ilustrar, hacer luz en el entendimiento, es decir, contribuir a clarificar o ampliar los mensajes escritos para que el lector/observador los comprenda mejor. Además, puede decorar, complementar, contribuyendo así al atractivo del producto final.

Como se contó arriba, este tipo de imágenes se puede realizar de manera manual o mecánica, para luego digitalizarse. También es posible crearla directamente en el ordenador gracias a programas tales como el *Illustrator* (AI).

La ilustración es un recurso visual al que se recurre mucho para todo tipo de publicaciones.

La ilustración puede servir para todo tipo de publicaciones o proyectos gráficos: se puede usar para la portada de un disco, un libro sobre botánica, una publicación médica, un libro infantil, un libro de recetas, el diseño de moda (donde se plasman los modelos antes de pasar a su fabricación), viñetas satíricas (tal como aparecen en revistas) y para material promocional (con el fin de captar el interés de potenciales de consumidores).

Sabía que...

Joaquín Salvador Lava Tejón, mejor conocido por su pseudónimo, Quino, creador de la tira cómica *Mafalda*, fue un ilustrador argentino. Era hijo de padres españoles, originarios de Málaga, que emigraron al país suramericano en la primera mitad del siglo pasado.

Las fotografías pueden ser documentos testimoniales de gran importancia que contribuyen a mantener la memoria histórica.

Actividades

10. Investigue acerca de las revistas ilustradas que estuvieron tan de moda a principios del siglo xx en España. Identifique algunas de ellas y establezca una diferenciación.
11. Busque en internet quiénes son los grandes ilustradores e ilustradoras contemporáneas.

3.4. Valor de transmisión de la imagen

Como se puede desprender de lo que se ha ido repasando en las páginas anteriores, la imagen tiene una importancia invalorable a la hora de realizar un proyecto editorial, que le es dada por sus valores intrínsecos, así como por sus valores externos. Y es que, en los tiempos contemporáneos, la imagen ha ido ganando un protagonismo central en todas las facetas de la vida social, profesional o familiar de las personas. Ya sea por razones de trabajo, de ocio, familiares, etc., se propicia el flujo de todo tipo de imágenes a través de los dispositivos que proporcionan las nuevas tecnologías.

Aquí debajo se enlistan los principales valores de transmisión asociados a las imágenes:

- **Valor social:** la sociedad actual otorga mucha importancia a la imagen en sí, como manera de establecer vínculos y legitimar mensajes.
- **Valor testimonial:** una imagen es testigo de su tiempo, se convierte en una manera de construir memoria sobre situaciones o procesos sociales de una época determinada.
- **Valor comunicativo:** la imagen tiene la capacidad de comunicar, de transmitir mensajes.
- **Valor artístico:** la imagen proporciona un disfrute estético.
- **Valor denotativo y connotativo:** la imagen tiene un doble contenido; por un lado, el denotativo que hace referencia al significado literal de lo que es representado, y por el otro, el connotativo que hace referencia a lo simbólico. Así, por ejemplo, el dibujo de un corazón puede remitir tanto al órgano vital como, simbólicamente, al amor.
- **Valor emocional:** la imagen es capaz de estimular emociones en el observador.
- **Valor simbólico:** una imagen traslada valores éticos, ideológicos y de vida importantes para el observador.
- **Valor técnico:** dado por la calidad formal de su hechura.
- **Valor de cambio:** todos los valores anteriores repercuten también en el valor económico que pueda alcanzar una imagen.

Las imágenes pueden tener una carga simbólica muy fuerte, como es el caso de la paloma blanca, asociada al valor de la paz.

 Actividades

12. Busque una serie de imágenes con una gran carga simbólica.

 Sabía que...

PhotoEspaña es un festival de fotografía artística que se celebra desde hace más de 25 años. El festival incluye exposiciones de artistas, edición de libros y proyección de documentales, entre otras actividades.

4. Imagen analógica/digital

Hoy en día la tecnología digital lleva la delantera en el mundo de la imagen, pero no siempre ha sido así. La humanidad en sí ha sido siempre una gran generadora de imágenes, que ha realizado de diferentes maneras y plasmado sobre una multiplicidad de soportes.

4.1. Evolución técnica de la imagen

Las técnicas para la elaboración de imágenes han pasado por tres grandes momentos evolutivos: la etapa prefotográfica (anterior al invento de la fotografía), la etapa fotográfica en sí misma y la etapa actual (correspondiente con la era digital). Esta última, a su vez, se encuentra en un proceso de cambio conforme se desarrolla la inteligencia artificial.

Antes de la fotografía

Desde los albores de la humanidad, y a lo largo y ancho del mundo, el ser humano ha sentido la necesidad de plasmar sus experiencias, ideas y emociones en imágenes. Si bien la necesidad de imágenes se ha mantenido a lo largo del tiempo, lo que sí se ha ido transformando son sus objetivos, los soportes y, sobre todo, las técnicas utilizadas, así como sus alcances.

Desde el origen de las civilizaciones, el ser humano ha sentido la necesidad de crear imágenes.

Así, por ejemplo, en la Edad de Piedra, los cazadores pintaban en las paredes de sus cuevas imágenes que representaban a animales con un fin claramente propiciatorio. La caza era, junto a la recolección de semillas, el principal sustento alimenticio, por lo que las batidas en busca de animales eran cruciales para la supervivencia del grupo social. Para la fijación de las imágenes, recurrían a pigmentos naturales, extraídos directamente de plantas, que aplicaban con sus manos. En la antigua China se consolidó desde tiempos inmemoriales el arte de plasmar bellos paisajes en telas de seda o en papel hecho a base de arroz. Los mayas de la Mesoamérica prehispánica hicieron códices, con papel de amate, donde plasmaban sus conocimientos de astronomía o proezas bélicas. En la Edad Media, los pintores dibujaban bellas imágenes de corte religioso sobre retablos de madera. El Renacimiento fue profuso en la creación de imágenes con la técnica del fresco que adornaban las villas señoriales. Finalmente, a las culturas africanas les gusta tradicionalmente usar la técnica del *batik* para plasmar imágenes en telas que luego usan como prendas de vestir.

 Sabía que...

En el Renacimiento, los artistas que pintaban con la técnica del fresco solían utilizar la yema de huevo como elemento aglutinante para aplicar la pintura en la pared.

 Actividades

13. Investigue sobre los códices precolombinos y la manera en que eran realizados.

La fotografía analógica, digital y artificial

En este contexto general, el siglo XIX, época de la Revolución Industrial en Occidente y de grandes transformaciones sociales, fue clave dentro de la evolución de las imágenes, en tanto vio nacer la técnica fotográfica que hoy se conoce como **fotografía analógica.** Esta es una técnica que permite capturar imágenes por medio de la luz para fijarlas sobre una película que luego se puede revelar e imprimir en papel. Se suele tener como referencia oficial del inicio de la fotografía el año 1839, con la aparición del daguerrotipo. Era un aparato transportable y manejable, fabricado expresamente para realizar fotografías. Su creador fue Louis Daguerre, inventor, pintor y escenógrafo francés, que combinó en el aparato varios inventos anteriores concernientes a la cámara oscura y las sustancias fotosensibles.

La tecnología fotográfica ha evolucionado mucho desde las primeras cámaras y el uso de los negativos.

El daguerrotipo dio inicio a una producción rica y continua de imágenes que, en el marco de la ideología positivista de la época, marcada por un fuerte cientificismo, pretendían captar y documentar la realidad en todas sus facetas.

La reproducción a modo de documentación de la realidad tal cual constituye seguramente uno de los rasgos diferenciadores de mayor trascendencia entre la fotografía analógica de antaño y la fotografía digital actual. Esta última permite no solo captar la realidad, sino también cambiarla y manipularla en el momento de la edición, con ayuda de procedimientos informáticos que brindan la posibilidad de retocar las imágenes, fusionarlas, superponerlas, etc.

 **Nota**

La cámara fotográfica es uno de los grandes inventos de la humanidad. Ha revolucionado la manera en la que el ser humano se conecta y se relaciona con el mundo que lo rodea.

La fotografía digital es una técnica que se distingue de la analógica por usar un sensor electrónico como principal elemento para la captación de las imágenes. Estas luego son grabadas en una memoria digital en vez de la película.

A pesar de que hoy en día se vive, en ciertos sectores sociales, una cierta tendencia nostálgica hacia el pasado, el mundo digital ha desplazado al universo analógico.

La aparición de la primera cámara digital se remonta a los años 90 del siglo pasado. Con ella se inauguró la época de la inmediatez, en tanto la nueva tecnología permitía obtener imágenes de manera inmediata, sin tener que pasar por el dilatado proceso de revelado analógico.

La tecnología digital ha revolucionado la producción de imágenes.

Sabía que...

Con el auge de los teléfonos móviles con cámara digital integrada y conexión a internet, se estima que se intercambian más de 350 millones de imágenes por día a nivel mundial a través de las diferentes redes sociales.

Las transformaciones tecnológicas no se detienen y hoy están ganando paulatinamente fuerza y legitimidad las **fotos generadas a través de la inteligencia artificial.** Esta nueva tecnología abre seguramente nuevas posibilidades para el sector editorial, a la vez que obliga a reflexionar sobre los alcances sociales que puede tener la posibilidad de, además de captar y manipular la realidad, inventarla completamente, con el riesgo de crear escenarios distópicos.

 ## Recuerde

El principio de funcionamiento de la cámara analógica se basa en la captación de la imagen a través de una película; el de la cámara digital, en el sensor electrónico.

 ## Actividades

14. La cámara oscura constituye un precedente de la fotografía analógica. Investigue en qué consistía exactamente.

5. Almacenamiento de imágenes y formatos

Una vez que se obtiene o captura una imagen para su uso en cualquier proyecto editorial, hay que pensar en cómo almacenarla. El almacenamiento permite la gestión, conservación o posterior transferencia en condiciones óptimas para mandarlas, por ejemplo, a la persona encargada de la maquetación de una publicación.

El modo en que se han de guardar las imágenes es diferente, según se trate de **imágenes analógicas** o digitales. En el primer caso, se trata de un **almacenamiento físico,** en tanto que se han de guardar los negativos de las fotografías y/o sus impresiones en papel. Ello implica disponer de un espacio y un mobiliario adecuados que permitan el resguardo en un ambiente fresco y seco, para prevenir el deterioro asociado al paso del tiempo y de factores ambientales como la temperatura o el mayor o menor grado de humedad.

Las fotografías en papel necesitan de un cuidado especial para ser conservadas y almacenadas.

 Actividades

15. El Instituto del Patrimonio Cultural de España cuenta con una fototeca donde se conserva casi medio millón de fotografías. Acceda a su web y revise qué tipos de fotos tiene en su acervo.

Las **imágenes digitales,** en cambio, son archivos informáticos almacenables en **dispositivos electrónicos** especialmente diseñados para acoger este tipo de ficheros. Para ello, hay diferentes opciones: pueden ser dispositivos tangibles tales como los ordenadores, discos duros externos, unidades de estado sólido o tarjetas de memoria. De igual manera, se pueden almacenar fotografías en las nubes que son espacios intangibles. Las nubes son **servidores *online*** a los que se puede acceder desde cualquier dispositivo que esté conectado a internet. Las nubes constituyen una opción interesante para aquellos casos en los que se ha de gestionar una cantidad importante de imágenes y/o se necesita transferirlas con facilidad. Hoy en día existe una amplia oferta de servicios de nubes, tales como *Google Drive* o *Dropbox.* Las alternativas de almacenaje no son excluyentes entre sí; todo lo contrario, siempre es aconsejable guardar las imágenes en dos o más dispositivos, como medida de seguridad ante cualquier tipo de eventualidad.

Las imágenes digitales se pueden almacenar en diferentes dispositivos, como los ordenadores o en las nubes.

Sin embargo, hay que tener en cuenta que el primer paso para almacenar imágenes digitales o digitalizadas consiste en otorgar a cada una de ellas el formato adecuado, según sus características intrínsecas y/o según el uso que se les quiera dar.

El formato, que se explicita en la extensión de los archivos, hace referencia a su estructura interna, a la manera en que organiza sus datos constitutivos. De este modo, define elementos tales como el tipo de contenido (permitiendo identificar si se trata, por ejemplo, de una imagen fija, una animación o un vídeo), la calidad de la imagen, la compatibilidad con programas y dispositivos, o el tipo de compresión que admite. Esta última es el proceso de reducción de los datos a fin de reducir el tamaño del archivo y, por ende, facilitar su almacenamiento e incrementar la velocidad a la hora de enviarlo, abrirlo para editarlo o cargarlo en una aplicación. En este contexto, se distinguen los formatos de las imágenes vectoriales de los que se usan para las imágenes rasterizadas.

Formato para imágenes vectoriales	Formatos para imágenes rasterizadas
- **SVG:** formato que usa para imágenes de carácter bidimensional de logotipos, gráficos, iconos. Es compatible con los *softwares* de diseño y los navegadores, y permite redimensionar sin pérdida de calidad. - **EPS:** formato de uso profesional, que garantiza gran calidad de las imágenes. Es compatible solamente con algunos programas del entorno *Adobe*. Se recomienda para impresiones de alta definición. - **AI:** son los formatos *Adobe Illustrator*, un *software* de *Adobe* para crear y almacenar ilustraciones vectoriales.	- **JPG:** es el formato más común y el de mayor uso. Es un formato comprimido que permite guardar una gran cantidad de imágenes o transferirlas con facilidad. Sin embargo, sufre una comprensión que le resta una cantidad importante de datos, por lo que la imagen pierde calidad. Por esa razón no es aconsejable y el objetivo es imprimir. - **TIFF:** formato aconsejable para la impresión con calidad de las imágenes. Este tipo de formato admite una compresión sin pérdida de datos, conservando todas las cualidades originarias de la imagen. - **PSD:** formato del programa de edición de imágenes de *Photoshop*, por lo que guarda toda la información sobre la composición y el proceso de composición de la fotografía. - **PNG:** formato que sirve para el almacenamiento de imágenes con fondos transparentes. No sufre pérdida de datos en su comprensión. - **GIF:** formato que admite una comprensión sin pérdida de calidad y el almacenamiento de imágenes animadas.

 Aplicación práctica

Juan está haciendo sus prácticas en una editorial, muy reconocida por la calidad de sus libros sobre grandes fotógrafos de España. Han publicado libros sobre Ouka Leele, Chema Madoz, Cristina García Rodero, Isabel Muñoz o el imprescindible Ramón Masats, además de creadores contemporáneos. Dada su actividad, la editorial ha acumulado a lo largo de los años una cantidad muy importante de fotografías, tienen cajones y cajones llenos de imágenes en papel. Le piden a Juan que, por favor, se encargue de almacenarlas de una mejor manera.

¿Qué le sugeriría a Juan y por qué?

SOLUCIÓN

Las fotografías en papel son muy sensibles al paso del tiempo, más si no se mantienen en las condiciones ambientales óptimas de conservación. Según esto, sería interesante que Juan pudiera digitalizar todo ese acervo fotográfico. De esta manera aseguraría su preservación, más allá de si el original se deteriora o, inclusive, se extraviara. Una vez digitalizadas, Juan podría almacenarlas simultáneamente en un dispositivo tangible, como una disco duro, y en una nube *online*. Siempre es más seguro contar con dos o más estrategias de almacenamiento.

6. Resumen

En el proceso de edición de todo producto editorial es fundamental la etapa que corresponde con la selección de las imágenes que se van a incorporar. En un contexto social como el de hoy, tan permeado por la cultura de la imagen, difícilmente se puede concebir producto exento de imagen.

Por ello es fundamental contemplar esta etapa en todo calendario de actividades dentro del flujo de trabajo editorial.

Sin embargo, las imágenes que se vayan a incorporar han de responder a una serie de características y criterios para garantizar la máxima calidad.

Las características hacen referencia a las cualidades técnicas, visuales, estéticas y semánticas que habrán de tener las imágenes. Del mismo modo, deberán responder a los requerimientos estilísticos dictados por cada casa editorial.

Por su lado, los criterios que aplicar para la selección estarán estrechamente relacionados con las consideraciones de idoneidad, las estrategias de realce del contenido y con el valor de transmisión.

En este contexto, es indispensable encontrar el justo equilibrio entre los diferentes componentes. De nada servirá una imagen de gran impacto visual si no cuenta con los requerimientos técnicos necesarios que permitan su reproducción óptima. De igual manera, de poco servirá una imagen perfecta en cuanto a requerimientos técnicos, pero alejada de las necesidades comunicativas marcadas por el tipo de producto que se está elaborando o del público al que está destinada.

En la actualidad, y tras un largo periplo evolutivo, la industria editorial hace uso de imágenes digitales. El mundo digital es amplio, por lo que es indispensable comprender el funcionamiento de las imágenes electrónicas para poderlas utilizar, almacenar, editar y/o imprimir debidamente.

Ejercicios de repaso y autoevaluación

1. Enumere los tres grandes componentes básicos de las imágenes.

_____

_____

2. Seleccione la respuesta correcta. Indiqué cuál es el dispositivo que se utiliza para digitalizar imágenes que se encuentran en papel.

    a. Fotocopiadora
    b. Impresora
    c. Escáner
    d. Cámara fotográfica

3. Explique cuál es la diferencia fundamental entre una imagen vectorial y una imagen de mapa de bits.

_____

_____

_____

_____

4. ¿Cómo se llama el elemento que otorga color y brillo a los píxeles?

    a. Bit
    b. Vector
    c. Punto
    d. Cuadrado

5. Indique si las siguientes declaraciones son verdaderas o falsas.

    a. La profundidad de color hace referencia a la gama de gradaciones de color y brillo de una imagen.

        ☐ Verdadero
        ☐ Falso

b. La unidad de medida bpp indica la cantidad de píxeles que hay en una imagen.

□ Verdadero
□ Falso

c. RGB corresponde con las iniciales en inglés de rojo, verde y morado.

□ Verdadero
□ Falso

d. El modo de color CMYK es un modo de carácter aditivo.

□ Verdadero
□ Falso

6. **Explique la diferencia entre tamaño digital y tamaño físico de una imagen.**

_____
_____
_____
_____

7. **Calcule en centímetros el tamaño físico de una imagen a 300 dpi que mide digitalmente 800 x 600 píxeles.**

_____
_____

8. **Mencione dos reglas básicas de composición y explique en qué consisten.**

_____
_____
_____
_____
_____
_____

9. Argumente por qué es importante tener en cuenta los colores de una imagen a la hora de valorar su selección para un producto editorial.

_____
_____
_____
_____
_____
_____
_____

10. Enliste las tres principales maneras en las que se pueden obtener una imagen determinada.

_____
_____

11. ¿Cómo se denominan las imágenes cuyos derechos de uso han sido liberados por el autor? Seleccione la respuesta correcta.

    a. Imágenes sin derecho
    b. Imágenes *Creative Commons*
    c. Imágenes libres
    d. Imágenes con *copyright*

12. ¿En qué consiste la idoneidad de una imagen y cuáles son los principales elementos que tener en cuento en relación con ello?

_____
_____
_____
_____
_____
_____
_____

13. Indique si las siguientes declaraciones son verdaderas o falsas.

a. Las fotografías capturan hechos reales y existentes.

☐ Verdadero
☐ Falso

b. Las ilustraciones no sirven para clarificar contenidos.

☐ Verdadero
☐ Falso

c. Es posible hacer ilustraciones a mano.

☐ Verdadero
☐ Falso

d. El mejor programa informático para hacer ilustraciones es *Word Office*.

☐ Verdadero
☐ Falso

14. ¿Cuál es la diferencia entre fotografía digital y fotografía analógica?

_____
_____
_____
_____
_____
_____
_____
_____

15. Enumere las diferentes maneras posibles para almacenar imágenes digitales.

Capítulo 2
Tratamiento digital de la imagen

Contenido

1. Introducción

De la misma manera que cualquier texto tiene que ser editado y corregido antes de pasar a maquetación, las imágenes también requieren forzosamente de un tratamiento de edición previo. De entrada, se puede afirmar que no existe imagen alguna que pueda ser utilizada e incorporada en un proyecto editorial tal cual llega a nuestras manos, sin haber pasado antes por un proceso de revisión que permita, a través de la edición, su mejoramiento o adaptación al uso al que se le quiera destinar.

Para ello, existen diferentes programas informáticos: por ejemplo, para las imágenes rasterizadas, el *software* más famoso a nivel de usuario es *GIMP,* un programa de código abierto y acceso gratuito. A nivel profesional, el más conocido es *Photoshop,* un *software* que cuenta con una gran variedad de herramientas que dan mucho juego a la hora de manipular las fotos. De la misma manera, para el retoque de las imágenes vectoriales el programa profesional de referencia es *Illustrator,* mientras que el de acceso gratuito es *Inkscape.*

Se entiende entonces que una imagen llega a la etapa de edición después de haber pasado por el filtrado expuesto en el capítulo anterior, en cuanto a sus atributos técnicos, visuales, semánticos y demás requerimientos. Es decir, que la etapa de edición arranca una vez que la imagen ya ha sido seleccionada, con vistas a ser utilizada en un proyecto cultural determinado.

2. Principios, características y manejo de aplicaciones de tratamiento digital de la imagen

Los programas de edición de imágenes son herramientas poderosas que brindan muchas posibilidades a la hora de trabajar en un proyecto editorial. Es importante por ello familiarizarse con ellos para perderles el miedo y sacarles el máximo provecho.

2.1. Configuración de la administración del color en aplicaciones de tratamiento digital de la imagen

Un elemento básico con el que se ha de trabajar en la edición de imágenes tiene que ver con el color. Por eso, antes de entrar en técnicas específicas para el retoque de las fotos, se va a hacer un repaso por algunos conceptos que van a ser de mucha utilidad.

El espectro de color visible y el diagrama cromático

Como se explicaba en el capítulo anterior, el ojo humano puede percibir solamente los colores que se encuentran en un rango determinado de ondas magnéticas, a saber, los que están comprendidos entre los valores de 380 y 780 nm. Este rango perceptible para la especie humana es el que es conocido como espectro de color visible, e incluye las tonalidades que van desde el rojo, que se encuentra en el intervalo 780-618 nm, al color violeta, que se halla en el intervalo 427-380.

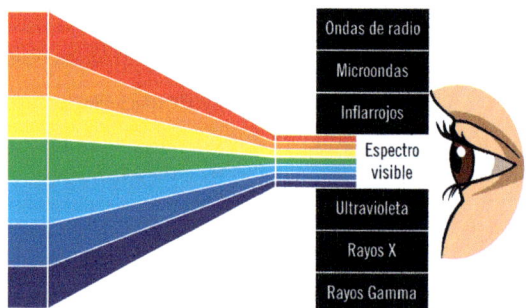

Los colores visibles para el ojo humano están comprendidos en los 380 y 780 nm.

? Sabía que...

La capacidad visual de muchos animales es diferente a la de los seres humanos. Muchas especies logran percibir otras ondas más allá del espectro visible. Es el caso de las abejas, que tienen la capacidad de distinguir la luz ultravioleta. Gracias a ello, pueden encontrar el néctar en las flores.

 **Actividades**

1. Investigue en qué consiste, desde el punto de vista del color y de la luz, el arcoíris.

Por otro lado, hay que tener en cuenta que los colores cuentan con los tres siguientes grandes atributos:

- **Tono:** hace referencia al color mismo, en su expresión más pura, tal como se percibe con la máxima longitud de onda (el rojo, el verde, el azul, el amarillo, el naranja, el violeta).
- **Saturación:** hace referencia a la mayor o menor pureza del tono. Varía dependiendo de si se mezcla o no con otro color y en las cantidades de tales mezclas.
- **Luminosidad:** hace referencia a la mayor o menor presencia de luz o, lo que viene a ser lo mismo, de blanco o negro, lo cual determina su claridad o, en su caso, su oscuridad. A mayor cantidad de blanco, más luminosidad.

Un color como el azul de la imagen varía dependiendo de los valores de saturación y luminosidad.

En respuesta a la inquietud por hallar una herramienta que pudiera mapear la variedad de colores existentes en el espectro visible, la Comisión Internacional de la Iluminación (conocida por la sigla CIE, derivada del nombre francés Commission Internationale de l'Éclairage) elaboró en el año 1931 un **diagrama cromático,** conocido como **diagrama de cromaticidad CIE 1931. Se trata de** una **representación visual** que, según ciertas fórmulas matemáticas, permite calcular las coordenadas de los colores y ubicarlos en una gráfica, dependiendo del grado de luminosidad, saturación y cromaticidad. Si se observa el diagrama, se puede apreciar que tiene la forma de una suela delantera de zapato, bordeada por una curva, la misma que marca los valores de los nanómetros visibles al ojo humano.

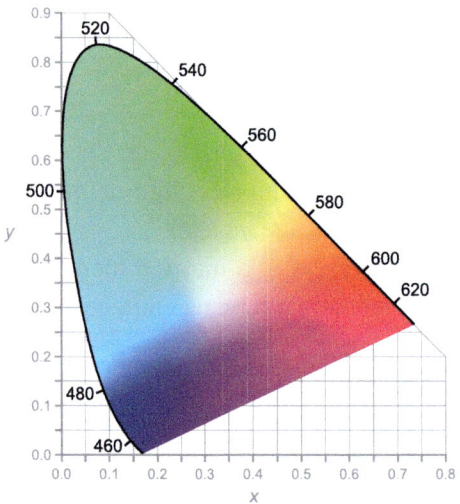

Diagrama cromático CIE 1931 con forma de suela de calzado.

El espacio de color o gamut

El diagrama de cromaticidad CIE 1931 recoge el conjunto del espectro visible por el ojo humano. Sin embargo, ello no significa que todos los colores ahí recogidos estén representados en los dispositivos que se utilizan para el tratamiento de las imágenes o su impresión. Los dispositivos normalmente cuentan con una gama colores más reducida. A la gama de colores que acepta cada dispositivo se le denomina espacio de color o, también, gamut.

El gamut constituye un factor importante que tener en cuenta a la hora de trabajar con imágenes, con el fin de evitar modificaciones indeseadas de colores cuando se van a migrar de un dispositivo a otro (por ejemplo, de la pantalla de un ordenador a un móvil o una impresora). Esto sucede porque el dispositivo de llegada, al no tener un color del gamut del dispositivo de origen, y al querer subsanar ese vacío, procede a "inventarlo", generando así las distorsiones cromáticas. Por ello es necesario tratar de que todos los dispositivos que intervienen en el flujo de trabajo de la edición de un producto cuenten con el mismo gamut.

Para los dispositivos electrónicos donde se trabaja en un modo de color RGB se distinguen tres modelos de gamuts posibles:

- **sRGB:** es el gamut más usual y difundido. Es el que se encuentra incorporado en prácticamente todos los dispositivos cuando los adquirimos. El espacio de color abarca un número de tonos inferior al de otros modelos.
- **Adobe RGB:** el espacio de color es mayor que el anterior, por lo que es más recomendable para usos profesionales.
- **ProPhoto RGB:** es el gamut más extenso, por lo que admite una gran riqueza cromática, apto para fotografías de muy alta calidad.

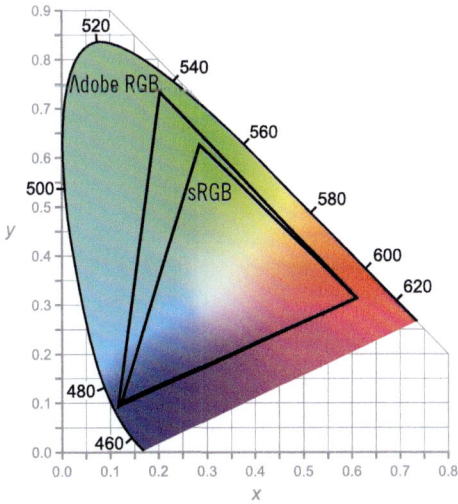

Existen diferentes tipos de gamuts, dependiendo de la cantidad de colores que pueden abarcar.

En cambio, para los dispositivos de impresión se trabaja con un solo espacio de color, espacio CMYK que, de hecho, es el más reducido de todos.

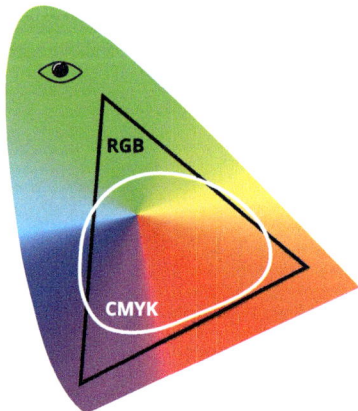

El espacio de color CMYK es más reducido que el RGB.

Recuerde

Los atributos principales de un color están determinados por sus valores de tono, saturación y luminosidad.

Modos de color y canales

Tal como se ha mencionado anteriormente, se distinguen diferentes modos de color, dependiendo de los colores base que los conforman y la manera aditiva o sustractiva en la que se componen sus derivados. Cada modo admite un número determinado de canales, que vendrían a ser las fuentes o los grifos cromáticos, los mismos que, a la hora de la edición, se pueden manipular de manera separada para aumentar y/o disminuir los valores de saturación o luminosidad.

- **Modo RGB:** es un modo de formación aditivo en el que los colores se van conformando, sumando los tonos lumínicos primarios de los tres canales dados por el rojo, el verde y el azul. Es el modo apto para las imágenes que se van a ocupar en proyectos editoriales de carácter exclusivamente digital, es decir, que no se van a imprimir.

- **Modo CMYK:** es un modo sustractivo en el que los colores se van conformando según una síntesis a partir del color blanco del papel del soporte final. Este modo es el que se usa para las imágenes que tienen como destino final la impresión. Está conformado por cuatro canales, correspondientes a sus colores primarios: cian, magenta, amarillo y negro. Un mismo producto editorial puede tener dos versiones; la digital y la impresa. En este caso, habría que adaptar el modo de color a cada circunstancia. Esto implica por lo tanto que los archivos de un proyecto editorial que ha sido trabajado en el ordenador en un gamut propio del modo RGB habrán de convertirse en un gamut CMYK a la hora de su impresión.
- **Modo de escala de grises:** viene a ser toda la modulación posible existente entre el blanco más puro y el negro más puro. Dentro de este modo se distinguen tres escalas: la baja, la media y la alta, que incluye las tonalidades que se van aproximando al blanco. Entre los valores de los extremos, es decir, desde el negro, que tiene el valor 0 y el blanco, que tiene el valor de 255, se puede distinguir un total de 256 variaciones de tono.

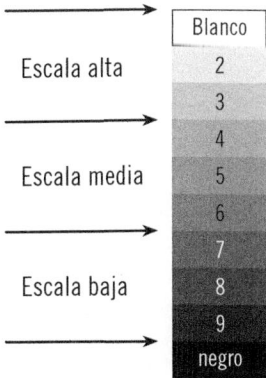

La escala de grises corresponde con la variedad de tonos que hay entre el blanco y el negro.

El modo de escala de grises es un recurso que brinda muchas posibilidades de matices para ilustraciones que requieren de sombras.

La escala de grises brinda una gran riqueza de matices. (© Fotografía: Carlos ZGZ / Pixabay.com)

De igual manera se presta para realizar efectos muy llamativos de **carácter duotono:** una imagen en modo de escala de grises puede ser intervenida con dos colores contrastantes, reemplazando los oscuros de la foto por un color y los claros por otro.

La escala de grises permite hacer efectos con tonos contrastantes.

■ **Modo CIELab:** a diferencia del modo RGB o CMYK, el modo CIELab no está supeditado a un dispositivo determinado, como puede ser la pantalla del ordenador o la impresora, sino que está vinculado con los colores tal cual se presentan ante el ojo humano; es decir, que incluye todos los tonos incluidos en el espectro visible, del diagrama de cromaticidad

CIE 1931. Para la identificación de un color del espectro utiliza tres variables: la L, que hace referencia a la Luminosidad; la a, que hace referencia a las variaciones de color que existen en el eje que va del verde al rojo; y, por último, la b, que hace referencia al eje cromático que corre del amarillo al azul. Los valores pueden ser positivos o negativos, dependiendo de si se acercan más o menos a uno de los dos colores de cada eje.

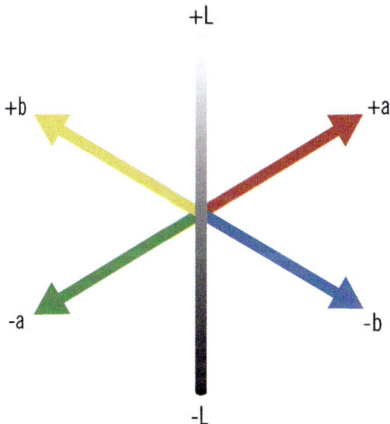

El modo CIELAB recoge los colores en función de dos ejes cromáticos y uno de luminosidad.

Actividades

2. Explore en internet para encontrar ejemplos de diseño de carteles donde se haya recurrido al recurso cromático del duotono.

Aplicación práctica

David lleva poco tiempo trabajando en una empresa gráfica. Está muy entusiasmado, pero también un poco agobiado por todos los pedidos y exigencias de los clientes. De hecho, ayer un cliente le entregó una foto a color y le pidió que la usara para hacer el diseño de un cartel sobre un evento de motos, pero le dijo que no quiere que el cartel sea a color, sino con dos tintas solamente.

¿Qué le sugeriría a David para realizar bien el encargo del cliente?

SOLUCIÓN

David puede recurrir al efecto del duotono para obtener un cartel llamativo. Para ello debería convertir el modo RGB de la imagen a un modo de escala de grises. Luego podría reemplazar los tonos oscuros por un color y los tonos claros por otro color que contraste.

El mapa de bits y el color

Todos los atributos de color arriba mencionados se plasman y se reflejan en los píxeles de las imágenes y, más concretamente en los bits, que son la unidad constitutiva más pequeña.

No hay que olvidar que una imagen es un conjunto de píxeles, ordenados en filas y columnas, que, a su vez, están conformados por bits. En estos bits es donde se guarda la información cromática y lumínica de la imagen. El conjunto de estos bits conforma el mapa de bits. De ahí la importancia de entender su funcionamiento.

El bit es un código del sistema numérico binario. Este sistema es el que se usa habitualmente en informática para almacenar y procesar toda la información. Contrariamente al sistema numérico decimal, que está conformado por 10 valores *(0,1,2,3,4,5,6,7,8,9)*, el sistema binario está conformado solamente por 2, el *0* y el *1*, los mismos que se utilizan para armar secuencias. En el lenguaje informático convencional, el valor *0* indica ausencia (de corriente) y el valor *1* significa presencia (de corriente). Al trasladar esta lógica al ámbito de las imágenes digitales, el *0* corresponde con presencia de negro y el *1* con presencia de blanco.

Al juntar varios bits, se van constituyendo las diferentes secuencias que designan valores cromáticos diferenciados. La secuencia es fundamental porque aquí el orden de los factores sí es fundamental. No es lo mismo la secuencia *01* que la secuencia *10.* De hecho, al convertir los valores binarios a valores decimales es posible darse cuenta de que una secuencia y otra dan lugar a resultados totalmente diferentes, tal como se puede apreciar en la tabla de abajo:

Tabla de correspondencia entre valores binarios y valores decimales

Valor binario	Valor decimal
01	1
10	2
0101	5
1010	10
1100	12

Si se aplicaran esos mismos valores de la tabla a una imagen digital, significaría que en la primera secuencia *(01)* se dispondría de un solo tono, mientras que en la última *(1100)* se contabilizaría 12 valores cromáticos distintos. De hecho, las conversiones del sistema binario al decimal son de tipo exponencial.

Las imágenes digitales suelen contar por lo general con 8, 16 o 24 bits por cada canal de color.

- Modo RBG/8: 3 canales (rojo, verde, azul), a 8 bits por canal
- Modo RGB/16: 3 canales (rojo, verde, azul) a 16 bits por canal
- Modo RBG/24: 3 canales (rojo, verde, azul) a 24 bits por canal
- Modo CMYK/8: 4 canales (cian, magenta, amarillo y negro) a 8 bits por canal
- Modo ESCALA DE GRIS/ 8: 1 canal de 8 bits
- Modo ESCALA DE GRIS/ 16: 1 canal a 16 bits
- Modo LAB/16: 3 canales (L.A.B) a 16 bits por canal

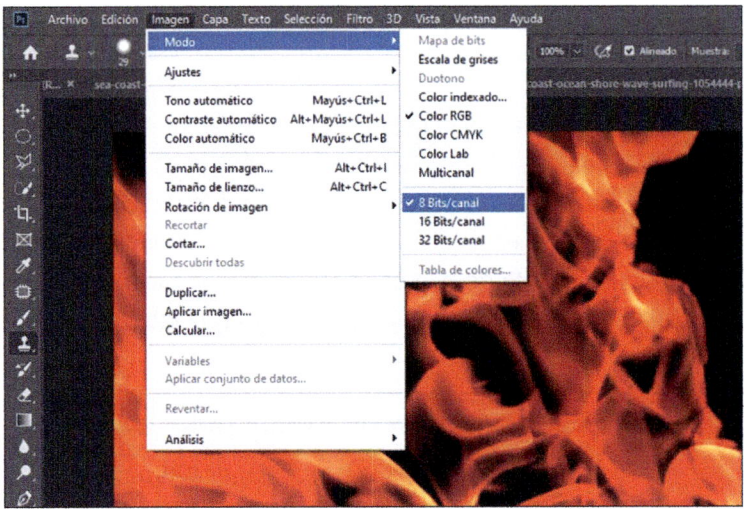

En la ventana emergente se puede revisar la cantidad de bits por canal.

Cuantos más bits, mayor profundidad de color tendrá la imagen.

Las imágenes de 8 bits tienen un mapa cromático conformado por 256 tonos diferente, que van desde la secuencia 00000000 (color negro) a la secuencia 11111111, que tiene un valor en el sistema decimal de 255, y que equivale al blanco absoluto. Todas las combinaciones posibles de los valores entre esos dos referentes dará lugar a todas las variantes de color posibles para esa imagen. El valor de 256 se puede obtener rápidamente al realizar la siguiente ecuación exponencial: 2^8 (donde 2 equivale a la cantidad de valores existentes en un bit y 8 al número total de bits).

Ahora bien, si se tiene en cuenta que cada canal cuenta con 8 bits, el total de las variantes cromáticas asciende, consecuentemente, de manera exponencial a 16,777,216, para el caso, por ejemplo, de una imagen en RGB que cuenta con tres canales de color (2^8^3).

8 Bit

posibles valores de sombra por canal

256 x 256 x 256

R G B

16,777,216
posibles colores

10 Bit

posibles valores de sombra por canal

1,024 x 1,024 x 1,024

R G B

1,073,741,824
posibles colores

12 Bit

posibles valores de sombra por canal

4,096 x 4,096 x 4,096

R G B

cerca de 68 millones de
posibles colores

El número total de colores depende de la cantidad de bits y de los canales.

Sin lugar a duda, la variedad cromática que brinda el código binario es amplísima y, por ende, las posibilidades de edición también. Incluso en las imágenes en blanco y negro, el modo de color RGB aporta una gran profundidad de color, porque permite alcanzar una gran riqueza de matices y graduaciones de grises, que van desde el blanco absoluto al negro absoluto.

Con el modo RGB se puede conseguir mucha profundidad de color en escala de grises.

Importante

El bit es la unidad que guarda la información cromática y lumínica de la imagen, de ahí su importancia.

 Actividades

3. Calcule el número de colores posibles de una imagen en modo RGB con una profundidad de color de 24 bits.

 Sabía que...

Pantone es una empresa dedicada a las artes gráficas que pone a disposición del público un extenso catálogo de colores sólidos, fácilmente reproducibles según un sistema de igualación. Cada color viene identificado con un código numérico y alfanumérico, así como una fórmula para reproducirlo. Este catálogo es una alternativa al modo CMYK para la impresión.

Calibración del monitor

La comprensión de los conceptos asociados al color y los mapas de bits es fundamental, pero de poco sirve si a la hora de aplicarlos no se realiza previamente una calibración de los ordenadores en los que se está trabajando. Y es que el ordenador, que constituye hoy en día el principal espacio de trabajo a la hora de tratar con las imágenes (en el ordenador se reciben las imágenes mandadas por terceros, se las almacena, se las envía al maquetador, se editan, etc.), es un dispositivo muy inestable y/o variable según su marca, su modelo, su antigüedad. Por ello, es menester hacer las calibraciones necesarias, pues de lo contrario se puede registrar también en este nivel un desfase en el flujo de trabajo, por las inconsistencias entre los atributos cromáticos de la imagen tal como está almacenada en un archivo, la imagen tal como aparece en el monitor una vez que se haya abierto y la manera en que aparece en el soporte final tras haberla imprimido.

En este sentido, el primer paso para asegurarse de que la imagen impresa tenga correspondencia con la que se está viendo en la pantalla del dispositivo y de que, por lo tanto, se reproduzcan fielmente los colores, es la calibración.

Hay varias vías para poder calibrar la pantalla: adquiriendo *hardware* especializado, que cuentan con sensores de gran precisión (Spyder 3, Huey Pro y Xrite Color Munky son los más comunes), a través de aplicaciones de *software* (*Quick Gamma* es una de ellas) y, la más accesible, a través de la herramienta de calibración que ya tienen incorporada los ordenadores.

En el entorno de *Windows,* la ruta para acceder a la calibración de la pantalla es la siguiente: **Configuración -> Sistema -> Pantalla -> Pantalla avanzada -> Mostrar las propiedades de adaptador de pantalla 1 -> Propiedades -> Administración de color -> Opciones avanzadas -> Calibrar pantalla.**

Los principales elementos que se pueden calibrar con respecto al color son:

- **Brillo y contraste:** se refiere a la diferencia entre las zonas más brillantes de la imagen y los negros más puros. Si el contraste es muy elevado, la imagen aparecerá demasiado luminosa, perdiendo detalles; de la misma manera, si es el contraste es muy leve, la imagen se verá oscura y sin detalles.
- **Nitidez:** hace referencia al modo de reproducir la frontera entre zonas oscuras y zonas iluminadas. Con una nitidez alta, se obtiene precisión. Sin embargo, si es demasiado elevada, la imagen aparecerá con ruido.
- **Balance de color:** hace referencia a cómo se muestran las tonalidades de gris en la pantalla.

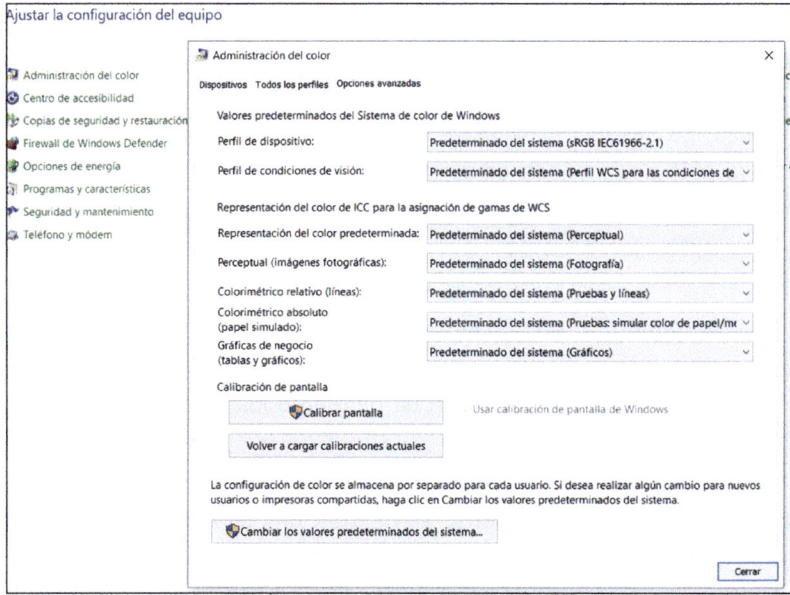

La calibración del monitor es un paso fundamental para la edición de las imágenes.

- **Corrección gamma:** es un valor que corrige la luminiscencia de la pantalla, equilibrando la relación entre los valores de los colores RGB y la cantidad de luz. Se considera que el valor de 2,2 aproximadamente es el más adecuado. La calibración gamma es una de las más importantes para obtener los mejores resultados en la manipulación de nuestras imágenes.

 Actividades

4. Conozca y prepare bien sus herramientas de trabajo: haga la calibración de su ordenador.

 Aplicación práctica

Cristina trabaja como asistente editorial en una casa editora especializada en libros infantiles. En la actualidad están trabajando en un cuento con muchas ilustraciones sobre un delfín y sus aventuras en el mar. El jefe de Cristina le ha pedido que haga lo que tenga que hacer para evitar distorsiones de color a la hora de pasar los archivos de un dispositivo a otro.

¿De qué tendrá que asegurarse Cristina?

SOLUCIÓN

A lo largo del proceso de edición de un libro, los archivos que contienen imágenes han de pasar por muchos dispositivos diferentes, con el riesgo de que los colores se perciban de manera diferente. En este contexto, y para evitar que haya inconsistencia entre los colores percibidos en el ordenador y el libro ya impreso, Cristina deberá hacer fundamentalmente tres cosas: cerciorarse de que los ordenadores trabajen en el mismo espacio de color o gamut; luego, calibrar los monitores de todos los ordenadores, y al final, convertir el modo RGB al modo de color CMYK, así como asignar al archivo final al perfil de color que maneja la imprenta, para garantizar que pueda hacer una reproducción fiel de los colores.

2.2. Técnicas de selección y enmascaramiento

Para la edición profesional de imágenes, *Photoshop* brinda un amplio abanico de herramientas. Algunas de las más empleadas son las que tienen que ver con la selección y con el enmascaramiento.

Sin embargo, antes de aplicarlas, conviene tener claro un concepto clave de todos los programas de edición de imágenes, que tiene que ver con las capas.

La capa es un concepto básico de *Photoshop* y otros programas de edición cuya aplicación es no solamente de gran utilidad, sino también indispensable.

Se refiere a la posibilidad de superponer, de manera apilada, capas diferentes, una arriba de la otra. En cada una de ellas se van a ir incorporando paulatinamente cada una de las modificaciones/ediciones que se quieran llevar a cabo, con la particularidad de que lo que se trabaje en una capa no afectará lo trabajado en las anteriores, ni, por lo tanto, la imagen original. Es lo que se denomina **edición no destructiva,** la misma que permite mantener intacta la imagen de origen. Esto es de capital importancia, no destruir y conservar las características básicas de la imagen original, independientemente de las transformaciones que se vayan a realizar. De ahí el papel de las capas.

De este modo, si opta, en el transcurso de la edición, por eliminar una modificación que se realizó, por ejemplo, en la capa número 3, no se verán afectados los cambios efectuados en la capa anterior (2) y en la siguiente (4). Cada capa en sí es pues independiente de las demás. De igual manera, también se prestan para intercambiarlas en el orden de apilamiento: se puede subir la capa 2 por encima de la 5 y viceversa. La imagen definitiva, una vez finalizado el trabajo de edición, será el resultado de la superposición de todas las capas.

Por ello, **el primer paso** que se debe realizar al iniciar un trabajo de edición es crear la primera capa. En esa primera capa es donde vamos a empezar a hacer modificaciones o introducir elementos. De esta manera la imagen original se queda intacta. Esta imagen primigenia es la que aparece señalada con el nombre *Fondo.*

La imagen original (fondo) permanece intacta y cada uno de los círculos que enmarcan los pájaros aparecen en capas distintas.

Para acceder a las capas hay que dirigirse al **Menú principal -> Ventana -> Capas.** Acto seguido, se despliega la ventana emergente correspondiente, donde se irá visualizando cada una de las capas que se vayan creando. Ahí mismo se les puede asignar un nombre cualquiera que permita identificarlas con facilidad.

Del mismo modo, se tiene opción de ocultarlas o cambiarlas de posición. También se pueden filtrar o agrupar por algún tipo de atributo (nombre, color, etc.).

De acuerdo con el tipo de edición que se necesite realizar, *Photoshop* ofrece un abanico de modelos diferentes de capas.

Un primer modelo es el de las **capas normales, que son transparencias** sobre las que colocar los objetos que se deseen introducir. Esta se puede activar siguiendo la siguiente ruta: **Menú -> Capa -> Nueva.**

El segundo modelo corresponde con las **capas de ajuste,** que son las que permiten realizar edición a nivel de la luminosidad y la cromaticidad de los elementos que están en una de las capas transparentes. Las herramientas disponibles en esta capa son: brillo/contraste, niveles, balance de color, vibración, saturación o filtros. Se puede acceder a estas capas a través de la siguiente ruta: **Menú -> Capa -> Capa de ajuste.** Otra manera de acceder a ella es a través de la ventana emergente de Capas, haciendo clic en el icono de un circulito blanco y negro que se encuentra en la parte inferior.

Otro gran modelo de capas se denomina **capas de relleno,** que son las que posibilitan añadir un color sólido, un degradado o un patrón a la imagen que estamos editando. Se accede a través de la misma ruta: **Menú -> Capa -> Capa de relleno.**

Por otro lado, se encuentran las **capas de texto o de formas,** que se generan de manera automática a la hora de introducir un texto o cualquier forma geométrica. Son capas de tipo vectorial, lo que permite agrandar o reducir los objetos sin perder la calidad del elemento.

 Importante

A la hora de editar una foto es indispensable hacer uso de las capas, a fin de que no se destruya la imagen original.

Técnicas de selección

Una vez que se crea una capa, *Photoshop* brinda la posibilidad de hacer una edición general, de toda la imagen en su conjunto, o una **edición parcial,** centrada en un fragmento de esta. En este contexto, para poder editar solamente un fragmento específico de la imagen, se ha de proceder a su **selección.** Se selecciona el objeto sobre el que se quiera trabajar y se aplican las modificaciones deseadas. Para ello, hay diferentes herramientas disponibles, que se ubican en el lado izquierdo de nuestro espacio de trabajo:

- **Selección marco rectangular:** es útil para delimitar zonas geométricas.
- **Selección rápida - varita mágica:** de manera automática delimita una imagen a partir de todos los píxeles que corresponden con el primer píxel (tomado como muestra) señalado a la hora de pasar el cursor.
- **Selección lazo:** es una herramienta que permite delimitar el objeto a mano alzada.
- **Selección con pluma:** es la herramienta que permite mayor detalle a la hora de la selección, haciendo uso de las líneas de Bézier.

Una vez que ha sido seleccionada el área deseada, se puede proceder a su modificación y/o mejoramiento.

La herramienta selección permite delimitar el área que se quiere editar. Es el caso del rostro de la modelo, al que se le aplicó un efecto especial de distorsión.

Sabía que...

Las curvas Bézier llevan el nombre de su inventor, Pierre Bézier. Consisten en un sistema para el trazado de dibujos técnicos, inicialmente pensado para el diseño en el campo aeronáutico y automotriz.

 Actividades

5. Para familiarizarse con *Photoshop*, abra una imagen, pruebe las tres maneras de selección explicadas arriba y decida con cuál se siente más a gusto.

Enmascaramiento y estilos de capa

El programa permite **adscribir a cada capa** creada una serie de características, multiplicando de esta manera las opciones de edición.

En este marco, se puede distinguir la opción de **estilo de capa,** la cual permite dotar a una capa predeterminada de efectos especiales tales como relieves, resplandor, sombras, etc. Se puede acceder a estas posibilidades siguiendo la ruta siguiente: **Menú -> Capa -> Estilo de capa.** A partir de ahí se despliega un submenú de opciones tales como sombras, resplandores o fusiones de imágenes.

Aparte, se encuentra la **máscara de capa,** también conocida como enmascaramiento. Consiste en cubrir con una máscara, como si fuera una película, la capa en la que se está trabajando, para luego, con ayuda de la herramienta pincel, extraer solamente aquellos elementos que se deseen de la capa cubierta. Esta herramienta posibilita por tanto visibilizar u ocultar libremente elementos de una imagen. La máscara de capa aparece en el panel de capas, junto a la capa a la que está asociada, como una viñeta en blanco y negro, en la que lo blanco señala las partes visibles y lo negro, las partes ocultas.

El método más sencillo para lograr una máscara de capa es el siguiente:

1. Abrir una imagen base.
2. Crear la capa 1.
3. Crear una capa de ajuste tipo *motivo* (u otro, al gusto).
4. Crear máscara de capa de la capa de ajuste.
5. Con el pincel, pasar sobre la capa de ajuste para extraer partes de la imagen que se encuentra abajo.

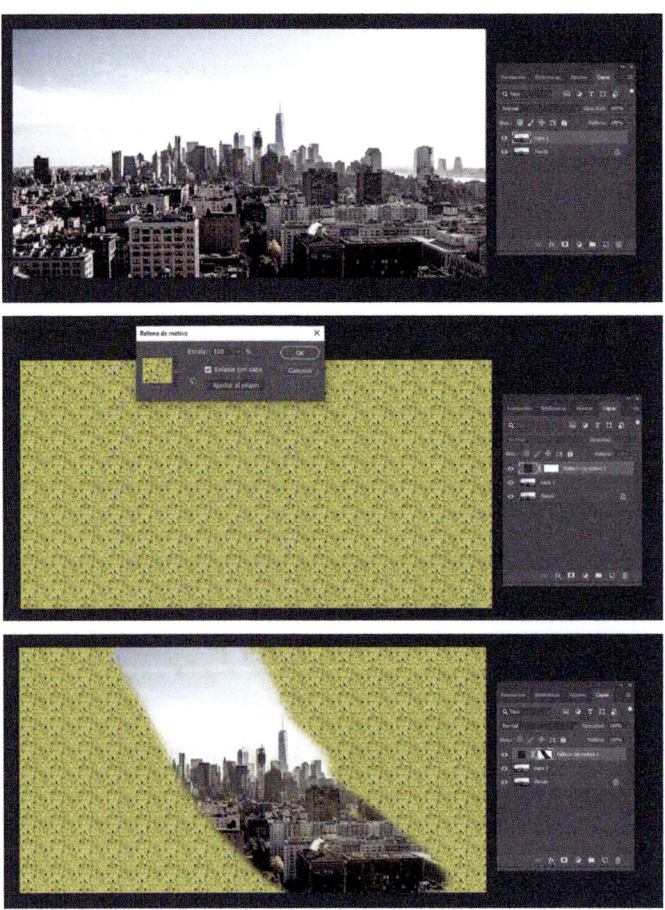

La máscara de capa da mucho juego entre la visibilización y ocultamiento de imágenes. En este caso, la imagen de la ciudad se asoma desde atrás de una capa con un patrón color mostaza.

Otro tipo de máscara de capa es la **máscara de recorte,** que, como su nombre sugiere, permite recortar o adaptar una imagen a la forma de la imagen base. Así, por ejemplo, se puede recortar un cielo con la forma de las letras de un texto. El proceso sería la siguiente:

1. Abrir la imagen.
2. Duplicar la capa.
3. Crear una capa de texto.
4. Escribir en grande el texto a nuestro gusto.
5. Bajar la capa de texto por debajo de capa de la imagen.
6. Seleccionar la capa de la imagen.
7. Seguir esta ruta: **Imagen -> Crear capa de recorte.**

 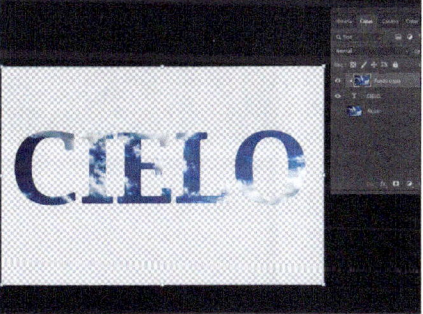

La máscara de recorte permite hacer efectos muy interesantes que dan pie a imágenes originales, con valor creativo añadido.

Por último, se pueden distinguir las **máscaras vectoriales,** que también dan pie a crear efectos muy llamativos. Permiten igualmente mostrar u ocultar partes de una imagen según trazados y formas. Pero, a diferencia de las máscaras de bits, aquí se conservan los bordes nítidos y precisos, pudiendo escalar las imágenes todo lo que se necesite sin pérdida de calidad. Hay que hacer lo siguiente:

1. Abrir la imagen.
2. Duplicarla.
3. Seleccionar un objeto dentro de la imagen.
4. **Menú Ventana -> Trazados -> Clic.**
5. **Menú Capa -> Máscara de capa vectorial -> Trazado actual -> Clic.**
6. Panel **Capas -> Activar capa original -> Capa de ajuste -> Degradado**

La máscara vectorial abre el abanico de posibilidades creativas de edición. En este caso, la imagen vectorial de la imagen es recortada, aislada y colocada sobre otro fondo.

Actividades

6. Para familiarizarse con *Photoshop*, realice una máscara de capa, una máscara de recorte y una máscara vectorial.

Para saber más

En el siguiente enlace puede acceder al centro de ayuda de *Adobe*, donde se brinda información sobre el uso de las máscaras en *Photoshop*:

https://redirectoronline.com/uf19060201

2.3. Técnicas y herramientas de corrección de color

El color es parte fundamental de toda imagen, ya se ha dicho profusamente. Esto quiere decir que una buena o mala corrección cromática puede determinar la mayor o menor calidad de la imagen seleccionada y, con ello, el mayor o menor efecto en el observador final que, en definitiva, se corresponde con el (potencial) consumidor del producto editorial. De ahí la importancia de hacer una buena edición. Felizmente, *Photoshop* brinda un abanico de herramientas que posibilitan el mejoramiento de color, prácticamente píxel por píxel. Estas herramientas se despliegan en el menú superior, dentro de la pestaña **Imagen.** Aquí abajo se enlistan las principales:

Tono, contraste y color automático

De manera automatizada, el programa hace los ajustes que crea conveniente, cambiando por sí mismo los diferentes atributos de los píxeles.

Sin embargo, es aconsejable hacer los ajustes manualmente, porque se tiene mayor juego, mayor control del proceso y, también, porque se abre la puerta a la creatividad para hacer, más allá de las correcciones, intervenciones originales de las imágenes.

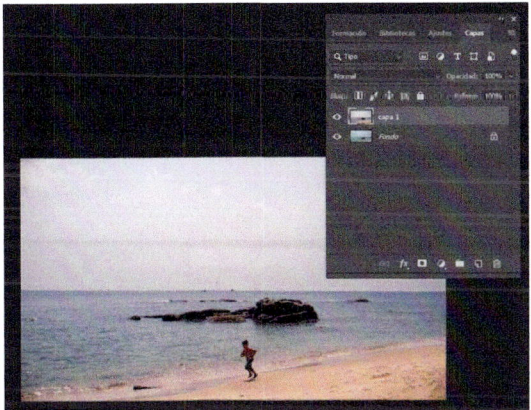

Los valores cromáticos automatizados no siempre dan los resultados mejor ajustados a nuestras necesidades editoriales.

Para acceder a las herramientas de edición manual, hay que dirigirse a otra opción. La más aconsejable es recurrir a: **Menú general** -> **Imagen** -> **Ajustes.** Ahí aparecerá un amplio listado de posibilidades.

Tono/saturación

Aquí se pueden corregir los valores de los tres elementos constitutivos de los colores: el tono, la saturación y la luminosidad. Se puede hacer la intervención para los colores en su conjunto de la foto o también para graduar los valores de uno solo de los colores.

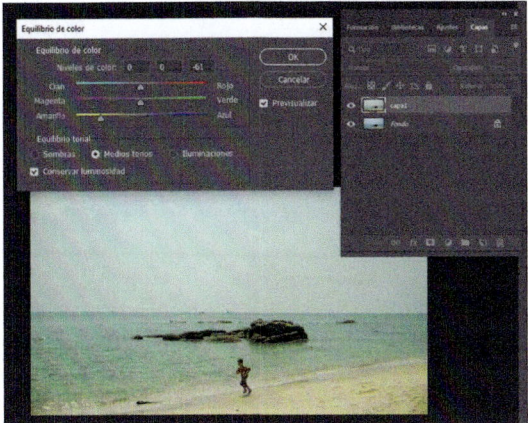

Equilibrio de color

Permite trabajar exclusivamente el tono de la foto que se está corrigiendo. Para ello, se puede jugar con los valores que van del cian al rojo, del magenta al verde y del amarillo al azul.

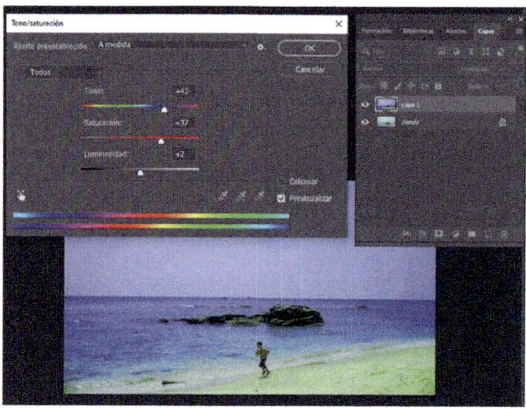

Blanco y negro

Una opción interesante es convertir la foto a color en una imagen en blanco y negro, que en realidad viene a ser una escala de grises que conserva todos los canales de RGB.

Filtro de fotografía

Permite jugar, superponiendo un filtro. Como resultado se tienen efectos visuales interesantes.

Hay varios filtros, como el conjunto de filtros calientes (que tienden más a luces cálidas) y los filtros fríos (que resaltan los tonos azules). Aparte hay otros, tales como el magenta, el sepia o el submarino.

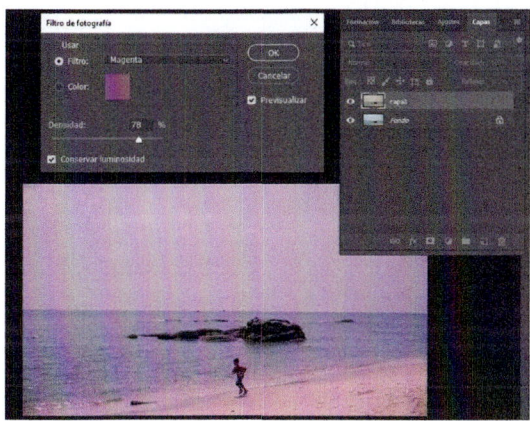

Curvas

Constituyen otra herramienta que permite editar los colores canal por canal, a través de una curva en una cuadrícula. Conviene normalmente que la curva tenga una apariencia de S, a fin de acercarnos a un equilibrio de color ideal; no obstante, si se desea, es posible incrementar o disminuir los valores para obtener efectos diferentes.

Aspectos diferentes de la misma imagen de acuerdo con la modificación de sus valores cromáticos.

Corrección en selecciones

Esta permite aplicar las correcciones de color en zonas preseleccionadas. Tras delimitar el área que se quiere transformar, se procede a introducir los cambios que se consideren pertinentes.

La selección y la modificación cromática de fragmentos seleccionados de la imagen pueden dar lugar a efectos visuales muy atractivos. En este caso, se tiñó el cielo de rosa.

Actividades

7. Para familiarizarse con *Photoshop,* escoja una imagen y realice los ajustes de color que considere necesarios.

Recuerde

Recuerde hacer los ajustes de color de la fotografía que vaya a incorporar en un proyecto editorial para aumentar su calidad cromática.

2.4. Métodos y herramientas de retoque fotográfico

Aparte de la manipulación del color, es posible realizar retoques de las imágenes para corregir imperfecciones o defectos. *Photoshop* brinda un amplio abanico de posibilidades. Se pueden distinguir las más importantes, como las que vienen punteadas abajo; sin embargo, es aconsejable, a medida que se adquiere familiaridad con el programa, explorar todas las que brinda.

Eliminación de objetos o manchas indeseadas

Para ello, se dispone de varias opciones:

1. Abrir la imagen.
2. Duplicar la capa.
3. Seleccionar el pincel corrector puntual.
4. Ajustar el tamaño del pincel de acuerdo con el tamaño del elemento que eliminar.
5. Ajustar la dureza (cuanto más alta la dureza, más delineados los contornos; cuanto más blando, más difuminados).

6. Pasar el pincel sobre el objeto/mancha que eliminar.

7. Al soltar el pincel, el programa automáticamente elimina la imagen, a la vez que la rellena con la información que está a su alrededor.

El pincel corrector puntual permite eliminar objetos indeseados. En este caso, se hizo desaparecer el pájaro de la rama.

Segunda opción:

1. Abrir imagen.
2. Duplicar la capa.
3. Activar cualquier herramienta de selección y delimitar el área que se quiere hacer desaparecer.
4. Dirigirse a **Edición -> Relleno según contenido.** De esta manera *Photoshop* duplica los píxeles que están alrededor.

Tercera opción:

1. Abrir la imagen
2. Duplicar la capa.
3. Seleccionar la herramienta *Tapón de clonar.*
4. Colocar el puntero sobre la parte de la imagen que se quiere clonar y tomar una muestra haciendo clic derecho.
5. Pasar el tapón (que lleva la muestra seleccionada) sobre el elemento que borrar.

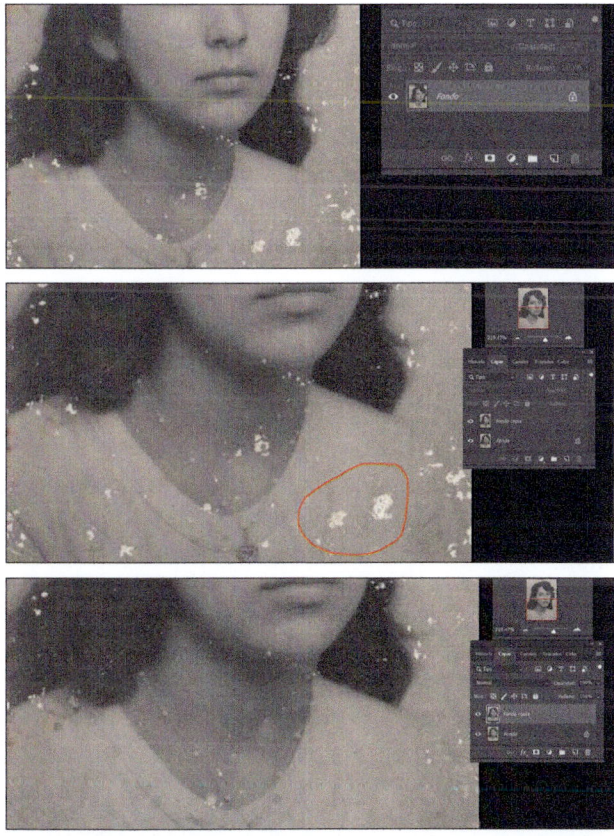

La herramienta Tapón de clonar es muy útil para restaurar imágenes antiguas tras su digitalización.

? Sabía que...

Si está interesado/a, ya se pueden encontrar cursos especializados en digitalización y restauración de fotografías antiguas.

Embellecimiento de rostros

En caso de desear editar la apariencia de un rostro para eliminarle impurezas, también se puede recurrir a la herramienta *Pincel corrector.* Con el mismo se pueden suprimir detalles como las espinillas.

Si se quiere realizar un trabajo más fino, con mayor precisión, se puede recurrir a opciones más complejas, por ejemplo la siguiente:

1. Abrir la imagen.
2. Duplicar la capa.
3. Invertir la capa (ruta **Imagen -> Ajustes -> Invertir**).
4. Seleccionar en el cuadro de diálogo M**odo de luz intensa.**
5. Aplicar el desenfoque gaussiano (en **Filtro -> Desenfocar -> Desenfoque gaussiano**).
6. Aplicar el desenfoque paso alto (en **Filtro -> Otro -> Paso alto**).
7. Introducir una máscara de capa.
8. Invertir la máscara de capa (en Imagen -> Ajustes -> Invertir).
9. Con la herramienta *Pincel,* repasar la piel manchada para extraer la piel pasada por los filtros, la misma que se encuentra en la capa inferior.

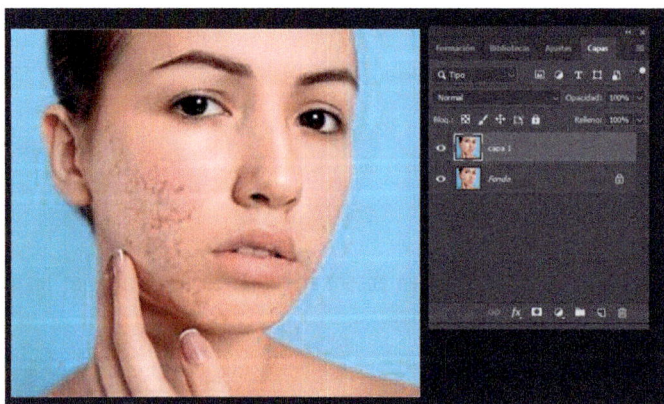

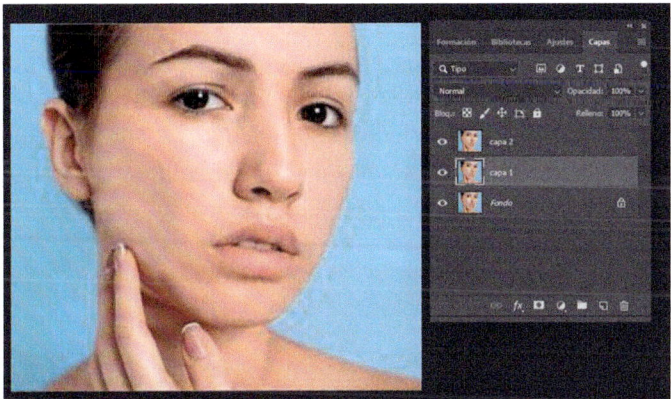

Photoshop brinda diferentes herramientas que permiten embellecer los rostros, eliminando imperfecciones.

Eliminación de ojos rojos

Muchas veces, al hacer una fotografía con *flash,* las personas salen con los ojos rojos. En este caso, es importante editar la imagen para corregirlos.

Photoshop dispone de una herramienta para eliminarlos y devolverles el color original:

1. Abrir la imagen.
2. Duplicar la capa.
3. Seleccionar la herramienta *Pincel ojos rojos.*
4. Hacer clic sobre el ojo que corregir: automáticamente desaparece esa tonalidad y se recupera el color original del iris.

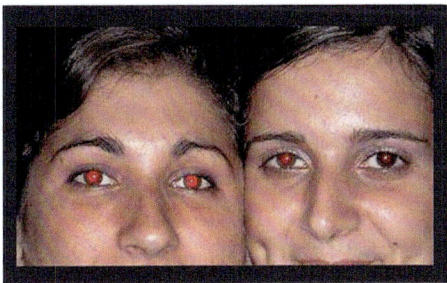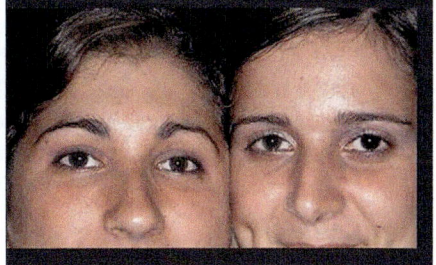

Hay que evitar que las personas retratadas salgan con los ojos rojos.

Cambio de color

Como se comentaba más arriba, la edición de las imágenes posibilita –además de la corrección de desperfectos– su transformación; por ejemplo, se puede modificar el color de un elemento para enfatizar de esta manera un efecto especial. Para ello, se realizarán los siguientes pasos:

1. Abrir la imagen.
2. Duplicar la capa.
3. Seleccionar el objeto.
4. **Menú -> Imagen -> Ajustes -> Tono y saturación.**

Photoshop permite jugar con efectos y colores según las necesidades del proyecto editorial. En este caso, se ha teñido el sombrero de color morado.

? Sabía que...

El retoque de fotografías puede alcanzar límites antiéticos. Las revistas de moda o de prensa rosa suelen recurrir en demasía a las técnicas de retoque para presentar imágenes que se alejan de la realidad (rostros claros en vez de oscuros, cinturas diminutas, pieles sin arrugas), lo que modifica radicalmente la apariencia de las modelos.

Actividades

8. Para familiarizarse con el programa de *Photoshop,* escoja una imagen que considere necesita de un retoque fotográfico y llévelo a cabo.

Aplicación práctica

Marta ha entrado a trabajar en el departamento editorial de una gran biblioteca. Con vistas a la edición de un libro sobre el tema de la mujer en el mundo laboral en la primera mitad del siglo pasado, le piden que digitalice y edite un conjunto de fotos sobre trabajadoras en una tabacalera de los años 30. Marta se da cuenta que algunas de las fotos están en bastante mal estado: o están manchadas o con arrugas o escarapeladas.

¿Qué herramienta de *Photoshop* deberá usar para las correcciones necesarias?

SOLUCIÓN

Después de hacer la digitalización de las imágenes con un escáner apropiado, Marta deberá editar las fotos para corregir las imperfecciones. Para ello, podrá optar de entrada por tres opciones: la herramienta del pincel corrector, la selección de las partes dañadas y su relleno según contenido, o bien el uso del tapón de clonar.

2.5. Técnicas de montaje digital de imágenes

Además de hacer los retoques en cada foto de manera individual, los programas de edición permiten jugar con varias imágenes a la vez, a fin de conjuntarlas y hacer montajes creativos.

De esta manera, con la suma de dos, tres o más imágenes (o incluso con detalles de estas), se pueden idear nuevas composiciones de gran impacto visual. El límite de posibilidades viene dado por la creatividad de cada uno. Por ello, la importancia de perder el miedo a las aplicaciones informáticas como *Photoshop,* para explorar de manera libre todas las posibilidades que brinda, combinando el conjunto de las herramientas disponibles.

Una opción sencilla para iniciarse en esta exploración de los recursos de *Photoshop* es la siguiente:

1. Escoger las fotos que se quieran incluir en el fotomontaje.
2. Abrir cada imagen.
3. Crear una capa para cada una.
4. Definir cuál de las imágenes abiertas será la base (sobre la que se va a trabajar la composición).
5. Pegar las imágenes restantes en la imagen base.
6. En el cuadro de diálogo de la capa, seleccionar el tipo de fusión que se quiera aplicar.

El fotomontaje es un recurso lleno de posibilidades creativas.

 Importante

A la hora de hacer un montaje, es imprescindible escoger la imagen que se usará como base, sobre cual se colocarán todos los elementos del *collage.*

 Actividades

9. Para familiarizarse con *Photoshop,* busque algún tutorial donde se explique cómo hacer montaje fotográfico. Luego realice usted uno, escogiendo para ello dos o más imágenes de su gusto.

 Aplicación práctica

Joaquín tiene abiertas 5 imágenes diferentes. Se las ha entregado el director del departamento donde está trabajando. Está pensando qué hacer. Su jefe le ha dicho que a ver qué se le ocurre para incorporarlas todas al diseño de la portada de la revista, cuyo último número va a girar en torno al auge de la música urbana.

¿De qué manera podría incorporar Joaquín esas 5 imágenes en una sola composición visual?

SOLUCIÓN

Joaquín puede recurrir a las técnicas del montaje digital de imágenes, que permiten crear una imagen nueva como resultado de la superposición de tantas imágenes como se quiera.

Para ello, tendrá que escoger cuál será, de entre las 5 fotos que tiene a su disposición, la imagen base, para después proceder a pegar ahí las restantes y fusionarlas. De esta manera puede obtener un *collage* muy llamativo.

3. Estándares de calidad aplicables a la imagen

Toda imagen que se vaya a incorporar a un proyecto editorial debe pasar, como ya se ha mencionado de manera reiterada, por una revisión y un tratamiento previos. Las posibilidades que brindan las aplicaciones de tratamiento digital de las imágenes son infinitas; sin embargo, habrá que tener el cuidado de cumplir con los estándares mínimos de calidad relacionados con cinco elementos básicos. Algunos de estos elementos, junto con otros tantos, ya se han abordado a lo largo del manual, pero aquí se retoman de nuevo.

3.1. Profundidad de color

La profundidad de color equivale a la riqueza cromática de la imagen. Esta viene dada por el bit, que es el que en una imagen digital resguarda toda la información de color. Cuanto mayor sea el número de bits presentes en una imagen, mayor será su profundidad de color, garantizando con ello una mayor riqueza de matices.

Los bits son los elementos constitutivos de los píxeles, lo que significa que el número mayor o menor de estos redunda consecuentemente en la mayor o menor profundidad de color de la imagen.

 Ejemplo

Una imagen de 8 bits en el modo RGB, con los tres canales activos, puede sumar un total de 16.777.216 valores de color. Como explicamos más arriba, el bit es un código binario. Ello implica que el valor binario de 8 bits se corresponde con el valor decimal de 256 (2^8), es decir, para el caso que nos ocupa, con 256 variaciones cromáticas por canal. Teniendo en cuenta que el modo RGB está provisto de tres canales de color, la totalidad de variaciones ascienda a los más de 16 millones mencionados arriba, como resultado de la expresión exponencial de 256^3.

3.2. Balance de blancos

A la hora de pensar en la calidad de una imagen, hay que detenerse en el balance de los blancos, y si necesario, corregirlo o manipularlo, con el fin de compensar los efectos no deseados derivados de la temperatura de color.

La temperatura de color hace referencia a la manera como el ojo humano percibe (o como la cámara percibe y capta) los colores de un objeto, dependiendo del tipo de luz que irradian las diferentes fuentes de luz a las que está expuesto: no es lo mismo apreciar un objeto a plena luz del día que al atardecer o en un espacio cerrado oscurecido.

En este contexto se distingue un amplio rango de tipo de luces, que van desde las más cálidas a las más frías. Para distinguirlas, se usa un sistema de medición, cuya unidad de medida es el grado kelvin (K). Como referencia se define en 5.500 K el valor que corresponde con el blanco puro asociado al tipo de luz que se registra en el exterior a mediodía. Por encima de ese valor, los valores pueden subir, dando lugar a luces más frías de tonos azulados; por debajo, pueden descender hacia luces cálidas con tonos amarillentos o rojizos.

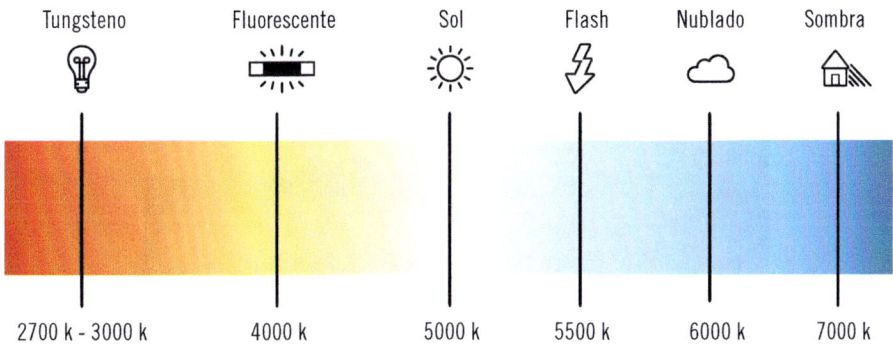

Espectro de luces frías y luces cálidas, las mismas que se reflejan en las tomas de las fotografías cuando no está bien calibrada la temperatura.

Cuando una imagen está desbalanceada en sus blancos significa que presenta desniveles en su temperatura. Ello se manifiesta en la presencia indeseada de dominantes de color, es decir, en la presencia de ciertos colores que tienden a imponerse sobre los demás, alterando el equilibro de los tres componentes cromáticos básicos dados por el sistema RGB. Para ello, habrá que intervenir para agregar o restar temperatura, dependiendo del caso.

Así, por ejemplo, pueden predominar los tonos amarillentos cuando la temperatura es cálida o tonos más azulados cuando la temperatura es fría. Un balance adecuado de los blancos ayudará a obtener colores reales en las imágenes. Ahora bien, también se puede optar por jugar a conciencia con los valores con fines creativos, a fin de crear efectos especiales, dando así lugar a imágenes originales.

La foto cambia de aspecto dependiendo de la temperatura de luz que registre.

Para la manipulación de los blancos en *Photoshop* hay varias opciones: se puede generar una máscara de ajuste desde **Máscara de ajuste -> Equilibrio de color;** o bien, siguiendo esta ruta: **Menú -> Imagen -> Ajustes -> Curvas o Niveles**. Ahí se despliega un cuadro de diálogo que permite hacer los ajustes necesarios a partir del blanco, gris o negro, seleccionado previamente con un cuentagotas ahí presente.

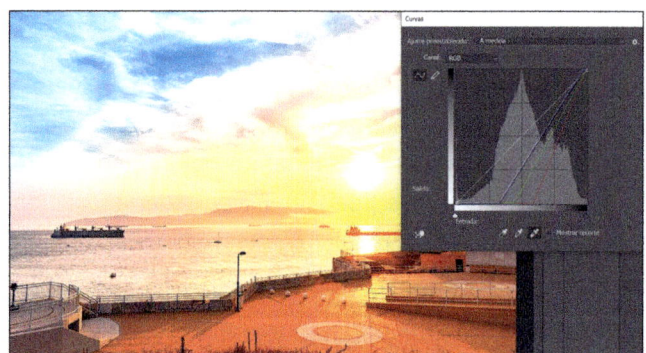

La foto cambia de aspecto dependiendo de la temperatura de luz que registre.

 Actividades

10. Investigue en internet qué tipos de imágenes se caracterizan más por su luz cálida y cuáles por su luz fría.

 Aplicación práctica

Nieves tiene que seleccionar una foto para un reportaje sobre destinos turísticos en varias costas del Mediterráneo. Tiene varias a mano que ha conseguido en el archivo de la editorial. Hay una que le gusta mucho, que estima que podría ser la más idónea, pero ve en ella un defecto técnico que tiene que ver con la luz: la imagen se ve muy azulada, con una luz fría.

¿Qué tiene que hacer Nieves para arreglar la foto y poderla usar en su proyecto editorial?

SOLUCIÓN

En este caso, lo primordial será hacer un ajuste de blancos que permitan modificar la temperatura de los colores de la foto. Podrá hacerlo de dos formas: puede recurrir a una máscara de ajuste para hacer un equilibrio de color o bien puede recurrir al comando **Curvas o Niveles,** y desde ahí realizar los ajustes necesarios hasta obtener la temperatura que desee.

3.3. Gama de color

Un elemento importante que considerar a la hora de trabajar con imágenes para un proyecto editorial tiene que ver con la gama de color. La gama de color es el conjunto de colores primarios, secundarios y terciarios.

Los colores primarios son los tonos básicos que NO se pueden obtener de la combinación; los colores secundarios, en cambio, son los derivados de la mezcla entre dos colores primarios; por último, los terciarios son aquellos que se obtienen de la combinación entre un primario y un secundario.

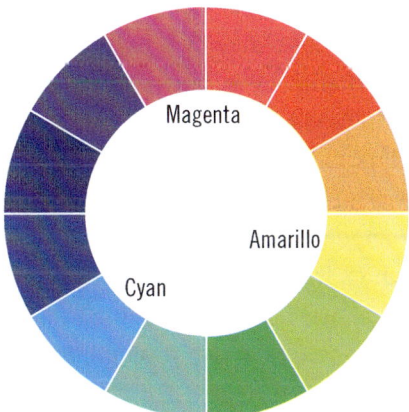

Círculo cromático: a la hora de la edición de las imágenes, es indispensable tenerlo en cuenta para conseguir armonía entre los colores.

Este conjunto de colores ha sido representado gráficamente en una rueda, conocida como círculo cromático, que recoge la totalidad de esos colores, y que es válido tanto para los colores del modo RGB como los de corte sustractivo del modo CMYK.

Este gráfico circular constituye una herramienta muy valiosa a la hora de escoger y combinar colores. Sin embargo, habrá que garantizar que exista armonía entre ellos. Así, por ejemplo, si se va a incorporar una imagen en la maqueta de un diseño, habrá que cerciorarse de que esté dentro de los parámetros armoniosos del proyecto que se está elaborando. Para ello, hay que generar una paleta de color *ad hoc.*

En el capítulo anterior se hizo referencia al significado que puedan encerrar los diferentes colores, así como su impacto emocional en el observador. Según ello, se puede definir un color base para el proyecto que se está elaborando y a partir de ahí determinar los colores restantes. Y estos han de escogerse de tal manera que, precisamente, se garantice la armonía.

La teoría de color distingue 5 tipos de armonías, dando lugar a sensaciones y efectos diferenciados:

- **Armonía monocromática:** consiste en jugar con un solo color, obteniendo una gama rica en matices subiendo o bajando los valores de saturación.
- **Armonía complementaria:** es un tipo de armonía que se basa en el contraste. Siguiendo la rueda de colores, se consigue con los opuestos. Por ejemplo: azul y amarillo, verde y magenta, rojo y cian.
- **Armonía triádica:** se conforma a partir de colores que aparecen en los vértices de un triángulo superpuesto al círculo cromático.
- **Armonía tetrádica:** es fruto de la combinación de dos armonías complementarias.
- **Armonía análoga:** es resultado de la combinación de colores contiguos en el círculo cromático.

Armonías cromáticas

Complementarios: diametralmente opuestos en el círculo.

Triada: cualquier grupo de tres colores formando un triángulo equilátero o isósceles.

Cualquier grupo de tres complementarios adyacentes. Un color y los adyacentes de su complementario.

Cualquier grupo de cuatro colores formando un **cuadrado**.

Cualquier grupo de cuatro colores formando un **rectángulo**.

Análogo: cualquier grupo de tres colores que se toquen.

La teoría del color contempla varios modelos posibles de armonías cromáticas.

 Sabía que...

Las paletas de color son fundamentales en la industria de la moda para el diseño de colecciones de cada temporada.

 Aplicación práctica

A César le han encargado el diseño gráfico de un anuncio sobre zapatos de mujer. Le han pedido que lleva varios colores, pero que predomine el rojo para transmitir pasión.

¿De qué manera puede César definir los demás colores?

SOLUCIÓN

César tendrá que escoger una paleta de colores que garantice una armonía cromática. A partir del color rojo podrá hacer una armonía monocromática, complementaria, triádica, tetrádica o análoga. Para ello, se podrá apoyar en la rueda de color de *Adobe*.

3.4. Contraste en luces

Siempre hay que tratar de que toda imagen destinada a un producto editorial cuente con unos valores adecuados de contraste y brillo. El contraste es lo que permite resaltar y definir los detalles de una fotografía, evitando que se pierda información visual. El brillo hace referencia a los valores de iluminación, que son los que permiten controlar el nivel de oscuridad o claridad.

La ruta más directa para manipular esos valores, tras abrir la imagen, es la siguiente: **Menú -> Imagen -> Duplicar capa -> Capa de ajustes -> Ajustes -> Brillo / Contraste.**

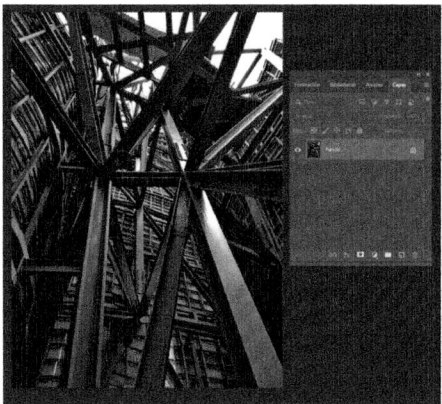 

Regular los valores de contraste en luces permite realzar la imagen, definiendo los bordes.

 Para saber más

Adobe tiene una rueda de colores de acceso libre que permite generar paletas de colores en base a las diferentes armonías cromáticas. Puedes acceder a la misma a través de este enlace:

https://redirectoronline.com/uf19050201

3.5. Sombras y tonos medios

Las sombras también ayudan a obtener modificaciones en cuanto a contrastes, sobre todo en aquellas imágenes, por ejemplo, que han sido tomadas a contraluz.

Las sombras y luces son importantes para ocultar (bajo la sombra) o poner a la vista ciertos detalles de la toma fotográfica, como en el caso del brazo derecho de la modelo.

Para poder equilibrar los valores de la sombra, se sigue esta ruta después de abrir la imagen: **Menú -> Imagen -> Duplicar capa -> Capa de ajustes -> Ajustes -> Sombras / Iluminaciones.**

Los tonos medios, aquellos que se encuentran en un rango intermedio, ni muy oscuros, ni muy claros, otorgan a las imágenes mayor profundidad y textura; de ahí la importancia de tenerlos en cuenta a la hora de calibrar una fotografía. Manipular satisfactoriamente los diferentes valores va a permitir obtener fotografías de primera calidad.

Actividades

11. Identifique en internet una imagen que considere se puede mejorar en sus valores de contrastes y proceda a mejorarla.

4. Resumen

Las imágenes tienen un papel de gran importancia dentro de cualquier proyecto editorial. Por eso es fundamental escogerlas de acuerdo con todos los criterios de calidad e idoneidad y, después, someterlas a un cuidadoso proceso de edición.

El proceso de edición es un paso obligatorio dentro del flujo del trabajo editorial. Consiste en la realización de todos los retoques y ajustes necesarios para optimizar y mejorar la foto original.

Para ello, se ha de recurrir a programas informáticos especialmente diseñados para ello. A nivel profesional destaca el *software* de *Photoshop,* que cuenta con un gran abanico de herramientas para la intervención de imágenes rasterizadas.

Un elemento base de las imágenes es el color, por lo que es indispensable estar familiarizados con los conceptos básicos asociados a este, para comprender de qué manera funciona el programa informático de edición y estar en condiciones de editar debidamente las fotografías.

Las imágenes rasterizadas están compuestas por píxeles y por bits, que contienen toda su información cromática. *Photoshop* brinda, precisamente, la posibilidad de manipular píxel por píxel, modificando sus valores, para obtener una imagen de máxima calidad.

Photoshop ofrece además la posibilidad de hacer ediciones de las imágenes de manera no destructiva gracias al uso de las capas superpuestas. De acuerdo con la funcionalidad de estas, se pueden distinguir las capas de ajuste, de relleno, de recorte, de texto, de forma o vectoriales.

Por otro lado, entre las diferentes técnicas y herramientas que se pueden encontrar en el programa, destacan aquellas que permiten hacer selección de objetos para luego modificarlos, que permiten realizar ajustes en el tono, eliminar objetos o manchas indeseadas, eliminar imperfecciones, embellecer los rostros, suprimir los ojos rojos, modificar el color de elementos o realizar montajes y composiciones visuales nuevas.

Se han de tener en cuenta los cinco estándares de calidad indispensables que tienen que ver con: la profundidad de color (que depende del número de bits), el balance de blancos (para regular la temperatura de color), la gama de color (para conseguir productos armoniosos), los contrastes, las sombras y los tonos medios (para realzar contrastes).

Ejercicios de repaso y autoevaluación

1. Explique en qué consiste el espectro del color visible y el diagrama cromático.

2. Indiqué cuáles son los componentes del color.

   a. Tono, saturación y píxel
   b. Tono, saturación y luminosidad
   c. Tono, luminosidad y bit
   d. Luminosidad, RGB, píxel

3. Explique cuál es la diferencia fundamental entre el gamut sRGB y CMYK.

4. ¿Cómo se llama el modo de color de carácter aditivo?

   a. CMYK
   b. CIELab
   c. RGB
   d. Escala de grises

5. **Determine si las siguientes oraciones son verdaderas o falsas.**

a. El bit es un código del sistema numérico decimal.

☐ Falso
☐ Verdadero

b. Las imágenes digitales suelen contar con 8, 16 y 24 bits.

☐ Falso
☐ Verdadero

c. Las imágenes de 8 bits suman 256 variantes de tonos.

☐ Falso
☐ Verdadero

d. El monitor no influye en la manera en que se perciben las imágenes en el ordenador.

☐ Falso
☐ Verdadero

6. **Explique el concepto *edición no destructiva*.**

_____

_____

7. **Mencione y explique dos tipos de capas distintas dentro de *Photoshop*.**

_____

_____

_____

_____

8. Explique la diferencia entre la herramienta de selección de marco rectangular y la herramienta de selección con pluma.

9. Enliste las tres herramientas principales que existen para eliminar manchas indeseadas en una fotografía o hacer desaparecer un objeto.

10. Explique el proceso que se ha de seguir para modificar el color de un elemento dentro de una imagen.

11. Mencione los nombres de los artistas a los que se atribuye el invento de los *collages* en el arte.

12. ¿En qué consiste la profundidad de color de una imagen?

13. Diga si las siguientes declaraciones son verdaderas o falsas.

a. El grado Kelvin sirve para medir la temperatura de color.

☐ Verdadero
☐ Falso

b. El valor de 5.500 hace referencia a la luz de anochecer.

☐ Verdadero
☐ Falso

c. La luz fría está asociada con colores amarillentos.

☐ Verdadero
☐ Falso

d. La herramienta *Balance de blancos* sirve para corregir la temperatura de una imagen.

☐ Verdadero
☐ Falso

14. ¿Cuál es la diferencia entre una armonía monocromática y una complementaria?

_____
_____
_____
_____
_____
_____
_____
_____

15. Detalle la ruta para corregir una imagen oscura y poco contrastada.

_____
_____

Capítulo 3
Adaptación de la imagen al producto editorial

Contenido

1. Introducción

Conforme a sus características y objetivos, cada producto editorial tendrá unas necesidades visuales específicas, por lo que será importante hacer las adecuaciones pertinentes de todas las imágenes que se vayan a utilizar en él.

Y es que, después de seleccionar las imágenes de acuerdo con los parámetros repasados en los capítulos anteriores y haber realizado los retoques necesarios, es imprescindible efectuar una serie de operaciones para su adaptación final. Solo así estarán listas para su incorporación definitiva en el producto editorial que se esté realizando.

En este capítulo se va a hacer un repaso de todos aquellos pasos y elementos que tener en cuenta, revisar y, si fuera necesario, adaptar, para tener a punto las fotos escogidas.

2. Diferencia entre las imágenes digitales vectoriales y las imágenes digitales de píxeles

De acuerdo con lo visto en capítulos anteriores, las imágenes digitales se pueden clasificar en dos grandes categorías: las de píxeles y las vectoriales. Es importante comprender las diferencias entre unas y otras, porque así se dispondrá de los criterios suficientes para decidir qué tipo de imagen es más adecuado para el proyecto editorial que se esté llevando a cabo y/o determinar las adecuaciones pertinentes.

Las **imágenes de píxeles,** también conocidas como mapa de bits, están compuestas por una cuadrícula de píxeles ordenados a lo largo y a lo ancho. Estos píxeles tienen una apariencia, a la vista humana, de pequeños cuadrados, y constituyen el contenedor de los bits, los elementos que a su vez guardan la información cromática y lumínica. Son un tipo de imágenes que se prestan a ser editadas en sus máximos detalles con ayuda de *software* especializado como *Photoshop.* Prácticamente se pueden trabajar píxel por píxel. Asimismo, son un tipo de imágenes cuya resolución y nitidez varían, perdiendo o ganando calidad, dependiendo del tamaño al que se las escale.

Las imágenes vectoriales, en cambio, son imágenes geométricas que se construyen a partir de vectores. Un vector es un concepto matemático que hace referencia al segmento que se delinea desde un punto de origen (A) a un punto de destino (B), creando así un trazado con una dirección definida.

Las partes constitutivas básicas de los gráficos vectoriales son el punto, la línea recta y la línea curva. El punto es el elemento base a partir del cual se conforma el vector. Se define a partir de unas coordenadas dentro de un espacio determinado. La línea recta, por su lado, surge de unir linealmente dos de esos puntos en el espacio. Por último, la curva vectorial toma forma a partir de la unión de esos dos mismos puntos, pero haciendo previamente anclaje en otros puntos invisibles, denominados puntos de control. Este tipo de líneas curvas son denominadas líneas de Bézier, en honor a su inventor, un ingeniero francés del siglo pasado.

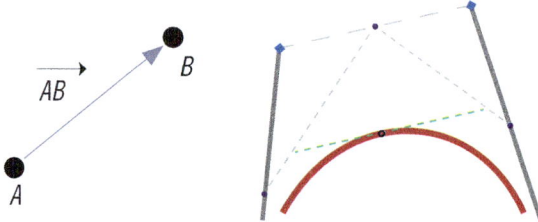

Los puntos, las líneas y las curvas son la base de los gráficos vectoriales

Combinando estos elementos, se van generando las diferentes formas geométricas. Los elementos se pueden fusionar entre sí, creando formas nuevas, o se pueden agrupar, separar o interseccionarse. Todos los vectores tienen traducción en fórmulas matemáticas.

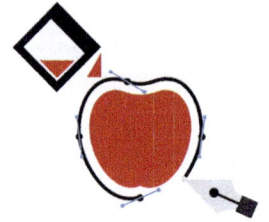

Imagen vectorial de una manzana
realizada con las curvas de Bézier.

Las imágenes vectoriales se caracterizan porque son fácilmente editables; en todo momento se puede modificar el color u otro atributo de sus diferentes componentes. Pero la característica más importante que las diferencia de las imágenes de píxeles es que nunca pierden la resolución ni la nitidez de sus elementos, y ello porque no dependen de la retícula de píxeles, sino de una fórmula matemática que se actualiza cada vez que la imagen se agranda o se reduce. De esta manera se conserva la nitidez de sus bordes y su contenido: no se pixela simplemente porque no tiene píxeles.

Actividades

1. Investigue en internet sobre cuál fue el uso original de las líneas de Bézier.

Los gráficos vectoriales son utilizados para crear ilustraciones.

El uso de las imágenes vectoriales es muy común a la hora del diseño de logos y demás gráficos institucionales, en tanto son muy cómodos, porque, como se contaba arriba, se pueden reproducir tanto en tamaños reducidos (papel membretado) como a gran escala, en publicidad. También se suele recurrir a los vectores para el dibujo técnico, la realización de ilustraciones, los videojuegos, las tipografías, los folletos, las vallas publicitarias, las imágenes 3D o las animaciones, entre otras cosas.

Para la creación de imágenes vectoriales, el sector editorial suele utilizar el *software Illustrator,* que pertenece a la familia *Adobe.* Otro programa de uso muy extendido es *Corel Draw.*

Otra opción, en caso de no poder o querer realizar un diseño propio, es recurrir a los bancos de imágenes vectoriales, ya sean gratuitos o de paga.

Por último, cabe mencionar que se puede convertir una imagen rasterizada en una imagen vectorial, con el fin de poderla delinear y, a partir de ahí, editarla y transformarla. Para ello, se puede acudir a programas de conversión que se pueden encontrar en internet.

Imagen de píxel transformada en imagen vectorial en la plataforma Vector magic

 **Sabía que...**

En contraposición a las imágenes de mapa de bits, las imágenes vectoriales suelen tener un tamaño de archivo más pequeño, lo que las hace más fáciles de almacenar y compartir.

126

Aplicación práctica

Cristina no tiene mucha experiencia, pero es muy creativa y proactiva. Recientemente se ha incorporado como asistente editorial en una pequeña empresa de edición que está creciendo y que tiene ganas de redefinir su logo. Le piden a Cristina que, aunque nunca haya hecho algo parecido, se anime a diseñar alguna propuesta.

¿Qué tipo de imagen tendrá que crear y qué *software* le recomendaría utilizar?

SOLUCIÓN

Para el diseño de un logo es necesario que trabaje con figuras vectoriales, para que pueda ir delineando y modificando las formas que vaya creando. Para ello, deberá utilizar algún programa de gráficos vectoriales como *Corel Draw* o, preferentemente, *Illustrator,* ya que probablemente la editorial donde esté trabajando lo tenga ya instalado, dado que es muy usual su uso en el ámbito editorial.

3. Características de la imagen digital. Limitaciones de resolución e interpolación

La **resolución** es un recurso que existe para tratar de optimizar la nitidez/resolución de las imágenes de píxeles cuando, por alguna razón, se la quiere ampliar o reducir más allá de sus dimensiones ideales de acuerdo con la resolución escogida.

El tamaño físico ideal en el que se puede imprimir una imagen viene definido en función de la cantidad de píxeles que tenga, es decir, de sus dimensiones digitales, así como de la resolución a la que se desea realizar la impresión: cuanta mayor resolución se quiera obtener, menor será el tamaño de impresión admitido; dicho de otra manera, cuanto mayor sea el tamaño de impresión, la resolución será menor.

Estas variables se pueden revisar y modificar en *Photoshop* siguiendo la siguiente ruta: **Menú -> Imagen -> Tamaño de la imagen.**

La imagen de naranjas y granadas cuenta con una dimensión digital de 720x480 píxeles, que se traducen a una dimensión física de 6,1 x 4,06 cm, si se imprime a una resolución de 300 ppp.

En el caso de que surja la necesidad de tener que imprimir una imagen a un tamaño mayor que el que está predeterminado, sin por ello perder la resolución definida, se puede recurrir precisamente a la interpolación. Sin la interpolación de por medio la imagen saldría pixelada, con una matriz más abierta, carente de píxeles suficientes para cubrir bien la superficie sobre la que se está imprimiendo la foto.

La **interpolación** consiste en la creación, a través de algoritmos matemáticos integrados en los programas, de píxeles nuevos, que vendrían a rellenar esos vacíos en una imagen determinada.

Existen varias formas de interpolación, dependiendo de las fórmulas matemáticas que se usen para generar los píxeles faltantes. Las más comunes son las siguientes:

- **Interpolación lineal:** es la más sencilla. Determina los atributos de un píxel nuevo a partir de los valores de los dos píxeles contiguos de uno y otro lado, calculando un promedio de sus valores.
- **Interpolación bilineal:** es una interpolación más fina que la anterior, porque para determinar los atributos de un píxel toma como referencia cuatro píxeles adyacentes, uno por cada lado.

- **Interpolación bicúbica:** es la forma más avanzada. Calcula los valores a partir de un polinomio cúbico, en vez de la línea recta o del plano de los casos anteriores.

Al activar la casilla Remuestrear y marcar los nuevos valores en anchura deseada, el programa genera nuevos píxeles, que se ven reflejados en los nuevos valores de las dimensiones digitales, mismos que registran un incremento, quedando en 1772 x 1181 px.

En la misma ventana emergente de las dimensiones digitales y resolución, se puede acceder a la opción de interpolación. Por cuestiones de traducción, aparece bajo el nombre de **Remuestrear.** Ahí mismo se puede escoger qué tipo de interpolación se desea realizar: la bicúbica, más suavizada, es aconsejable para ese tipo de ampliaciones.

No obstante, es bueno recalcar que no se ha de abusar de este recurso, porque, al final y al cabo, no deja de ser un método ficticio, en la medida que genera o inventa una información falsa, que no corresponde con la realidad. Por ello, es recomendable usarla preferentemente cuando no sea demasiado grande la diferencia entre el tamaño de impresión predeterminado y el tamaño deseado. En caso contrario, lo recomendable sería proceder a la búsqueda de otra imagen alterna, ya que lo idóneo es hacer uso de imágenes que puedan ser imprimibles al tamaño deseado sin la necesidad de inventar nada.

Sabía que...

La palabra *interpolación* hace referencia a un método matemático que sirve para deducir valores desconocidos a partir de datos vecinos conocidos. Este método es usado en muchas disciplinas y contextos. Por ejemplo, se puede usar para estimar la temperatura en diferentes puntos de un mapa, según los datos de estaciones meteorológicas cercanas.

 Actividades

2. Abra una imagen cualquiera de ordenador en *Photoshop* y remuestréela con nuevos valores. Luego compare la imagen obtenida con la original.

4. Ajustes geométricos en la imagen. Recorte de imagen. Proporciones

Las necesidades editoriales pueden ser múltiples. En función de estas, habrá que hacer las adaptaciones pertinentes en las imágenes que se vayan a utilizar. Los programas de edición, sobre todo *Photoshop,* ofrecen múltiples posibilidades. Dentro de estas se encuentran las que permiten hacer ajustes geométricos.

Los ajustes geométricos hacen referencia a aquellas modificaciones de las imágenes que están vinculadas con los aspectos geométricos de la fotografía, es decir, con aquellos atributos que tienen que ver con la forma, las líneas, los ángulos, las perspectivas, la posición de un objeto dentro del espacio, el perímetro y/o las superficies. Es un tipo de modificación que no afecta a la estructura de píxeles, sino más bien la arquitectura de la imagen.

Estos ajustes permiten hacer correcciones de elementos cuando se registran imperfecciones o, también, crear deformaciones exprofeso para generar efectos visuales de toda índole.

Entre las principales opciones de **intervenciones geométricas** que ofrece el programa, se pueden destacar las siguientes:

- **Correcciones - distorsiones geométricas:** es posible jugar con los planos de los elementos.

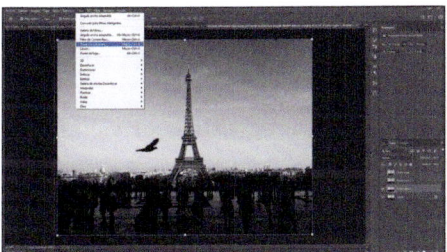 

Al modificador los atributos de Corrección de lentes se puede modificar el plano y, de esta manera, enderezar o torcer los diferentes elementos.

- **Ángulo ancho adaptable,** que permite modificar los atributos de la perspectiva.

Al modificador los atributos de Ángulo ancho adaptable se puede modificar los valores de la perspectiva, obteniendo efectos visuales interesantes.

- **Rotación:** permite mover la imagen desde su propio centro, modificando solamente la graduación del ángulo.

Rotación de la imagen 180 grados

- **Reflejo:** permite visualizar la imagen como si se estuviera viendo su reflejo en un espejo.

El recurso del reflejo permite obtener un efecto espejo.

Recuerde

Los ajustes geométricos de una foto no afectan a la estructura de los píxeles, sino tan solo a la arquitectura de la imagen, modificando perspectivas, ángulos, planos, etc.

Por otro lado, toda imagen se puede **recortar,** con el fin de reducir sus dimensiones, cercenando contenido. Ello implica por lo tanto decidir qué se quiere suprimir de una imagen y qué se desea mantener.

Photoshop tiene para ello dos herramientas distintas.

Por un lado, se encuentra la herramienta que se denomina simplemente *Recortar.* Al activarla, se reduce la estampa desde cualquiera de sus bordes exteriores, reduciendo el perímetro general.

La imagen ha sido recortada, suprimiendo toda la parte inferior

Otra opción es recurrir a la herramienta *Recorte con perspectiva*. Esta permite seleccionar un cuadrante de la foto y eliminar todo lo que se encuentre fuera de ese cuadrante seleccionado:

La herramienta Recorte con perspectiva permite delimitar el área que se quiere conservar, suprimiendo el resto.

Sin embargo, la función principal de esta herramienta es la de realizar un recorte a partir de una distorsión de la perspectiva. Es de gran utilidad para recuperar y enderezar elementos, como ventanas o letreros, que en la imagen original aparecen de manera oblicua.

La herramienta Recorte con perspectiva permite enderezar elementos que aparecen torcidos en la imagen original.

 Actividades

3. Practique con la herramienta *Recorte con perspectiva.* Busque una foto donde aparezca un cartel, o algo similar, en forma oblicua, y proceda a recortarlo y enderezarlo.

Por otro lado, y con vistas a lograr una imagen más impactante, se pueden modificar sus proporciones. La proporción hace referencia a la relación existente entre el ancho y lo alto. Al modificar sus valores, se obtiene una percepción diferente. Para ello, se puede probar probar la siguiente ruta: **Edición -> Transformar.**

El cambio de las proporciones otorga otra visión diferente de las imágenes.

Aplicación práctica

Francisco, el autor de un manuscrito que versa sobre la presencia de árboles en la poesía decimonónica española, que está siendo editado por Ediciones Cielo, se ha enamorado de la foto de abajo y quisiera que fuera la portada de su libro. Por ello, se la ha entregado a Elena, la dueña de la editorial y la que se encarga prácticamente de todo. ¿Qué debería hacer Elena con la foto?

SOLUCIÓN

Antes de proceder a eventuales ajustes de brillo, color y demás, Elena deberá cerciorarse de que la imagen tenga el tamaño digital suficiente para su debida impresión en el formato de libro. En caso de que comprobara que la foto es más pequeña que el soporte final y que, de hecho, no es demasiada la diferencia, podría proceder al proceso de interpolación. Por el contrario, si se diera cuenta de que la foto es demasiado pequeña, convendría buscar otra imagen.

5. Cambio de espacios de color según las condiciones de reproducción

Los **espacios de color**, también denominados **gamuts,** son las representaciones cromáticas disponibles en los dispositivos digitales; es decir, son el mapa de colores presentes y utilizables en cada uno de los ordenadores y demás aparatos de procesamiento o visualización de imágenes.

Los diferentes espacios digitales de color se definen con respecto al **espacio CIELAB.** Este es el espacio "natural", es decir, aquel que abarca la totalidad del universo de los colores perceptibles para el ojo humano. A partir del mismo, se definen los espacios **RGB, sRGB o el CMYK**. También existe el **ProPhoto,** un espacio de gran amplitud, pensado sobre todo para fotógrafos profesionales.

Cada espacio de color tiene por lo tanto sus propias características cromáticas. Por ello una misma imagen puede ser percibida cromáticamente de manera diferente dependiendo del espacio de color en el que se encuentre. De ahí la importancia de adecuar los espacios a la hora de gestionar una imagen y/o modificar su gamut según su finalidad. Como se ha venido diciendo, las impresoras necesitan, para asegurar una buena transferencia y reproducción cromática, que los archivos se encuentren en el espacio CMYK.

El cambio de espacios de color se puede realizar a través la siguiente ruta: **Menú -> Edición -> Asignar perfil.**

La percepción cromática-visual de una imagen varía dependiendo del perfil de color asignado.

6. Ajustes de contraste, equilibrio de gris, equilibrio de color, brillo, saturación

La preparación de una imagen con vistas a su incorporación a un producto editorial incluye también los **ajustes de sus valores cromáticos y lumínicos.** Estos son accesibles a través de dos rutas. La primera es: **Menú -> Imagen -> Ajustes.** La segunda, a través de la ventana emergente de capas, haciendo clic sobre el icono circular de las capas de ajustes.

Abajo, se ejemplificarán cada uno de los ajustes, con las variaciones posibles de una misma imagen:

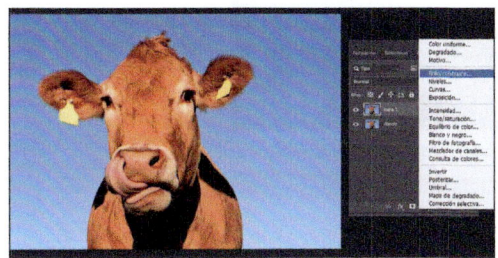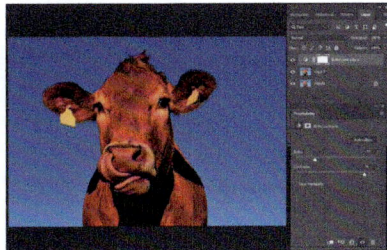

Cambios en la imagen al incrementar los valores de contraste y disminuir los del brillo

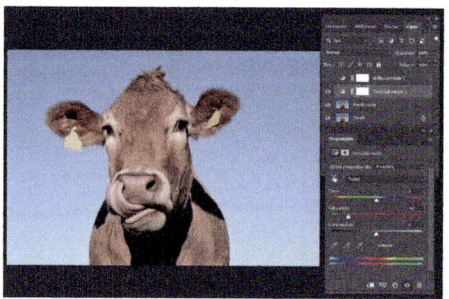 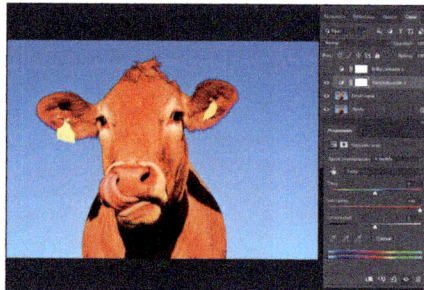

Cambios en la imagen al incrementar y reducir el valor de la saturación.

El modo RGB permite alcanzar muchos matices dentro de la escala de grises, dando como resultado aspectos distintos.

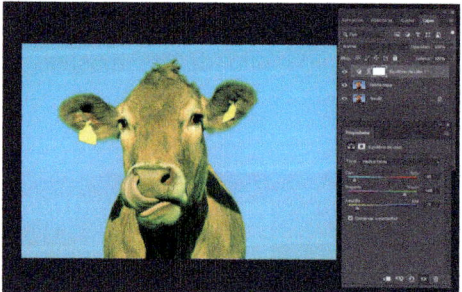

Aspecto de la imagen, manipulando los valores de equilibrio de color.

Recuerde

Asigne a la imagen el espacio de color según las condiciones de reproducción.

 **Actividades**

4. Escoja una imagen cualquiera que, según su criterio, necesite ajustes de color y proceda a hacer las modificaciones correspondientes.

7. Filtros: destramado, enfoque/desenfoque

Los filtros de los programas de edición constituyen un recurso con muchas posibilidades que permiten retocar las imágenes, ya sea para corregir desperfectos o para introducir efectos especiales. Constituyen pues herramientas tanto correctivas como creativas.

En cuanto a herramientas correctivas, los filtros pueden ser usados para solucionar imperfecciones, tales como el efecto muaré o *moiré* (palabra esta última del francés).

El efecto *moiré* es una distorsión óptica, consecuencia de la mala superposición de dos tramas geométricas, lo que da como resultado una interferencia visual de tipo ondulante, como si se tratara de un efecto psicodélico. También puede tener la apariencia de rayas o puntos a lo largo y ancho de una fotografía.

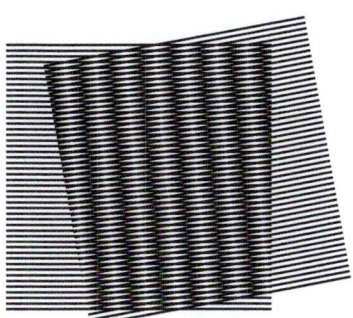

Superposición de tramas que originan el efecto muaré

Este efecto aparece con frecuencia a la hora de escanear imágenes, cuando se superpone la trama del mismo escáner con la trama de la imagen escaneada, dando como resultado una imagen digital de poca calidad o, como se suele decir, una imagen con ruido.

A la hora de escanear una imagen, puede aparecer el efecto muaré.

Con el fin de neutralizar o disminuir este tipo de ruido, se puede recurrir a los filtros que van a proceder al **destramado,** como si separaran las tramas superpuestas, para luego proceder a un retramado visual, haciéndolas coincidir.

Para ello, se puede seguir la siguiente ruta: **Menú -> Filtro -> Ruido -> Destramar.**

Destramar permite disminuir el efecto muaré en las imágenes escaneadas.

Sabía que...

Andrea Minini es un ilustrador italiano que ha creado sus famosos dibujos de animales a partir del efecto muaré.

 Actividades

5. Investigue en internet qué tipo de tela presenta de por sí un efecto moiré.

Aparte del filtro para destramar, *Photoshop* brinda una amplia variedad de otros tantos. Entre estos se pueden destacar los que tienen que ver con el **enfoque** y el **desenfoque**.

Los **filtros de enfoque** apuntan a incrementar la nitidez de la foto, es decir, a definir de la mejor manera los bordes entre unos y otros elementos visuales compositivos de la imagen, y sobre todo, con respecto al fondo. En la pestaña **Filtros**, en el menú general, se puede acceder a **Enfocar** y de ahí a los diferentes filtros de enfoque disponibles, cada uno con sus particularidades. Se puede aplicar uno solo o superponer varios, cada uno en una capa diferenciada, a fin de garantizar una edición no destructiva de la imagen. De la misma manera, cada filtro se puede aplicar a toda la foto en general o a algunos elementos específicos, previamente seleccionados.

Así, por ejemplo, se pueden aplicar los siguientes filtros de enfoque:

- **Enfocar:** se activa de manera automática.
- **Enfocar bordes:** resalta los bordes divisorios.
- **Enfocar más:** se puede aplicar en zonas específicas.

- **Estabilizador de imagen:** permite neutralizar el desenfoque causado por el movimiento involuntario de la cámara fotográfica al realizar el disparo.
- **Máscara de enfoque:** incrementa el contraste entre píxeles.

El enfoque permite ganar nitidez.

- **Enfoque suavizado:** es un enfoque igual que el anterior, pero más "inteligente", en la medida en que se basa en cálculos matemáticos automatizados.

Sensación de alta velocidad generada por el desenfoque

Por su parte, los filtros de desenfoque permite, o bien corregir imágenes que involuntariamente presentan borrosidad, o bien, por el contrario, dotar a la imagen del efecto de borrosidad, consiguiendo con ello dirigir la mirada del observador hacia un elemento específico o brindar la sensación, por ejemplo, de movimiento y velocidad.

También puede dar lugar a otras sensaciones, como dramatismo, confusión o incertidumbre

Paisaje urbano nocturno desenfocado

Actividades

6. Identifique en internet, o en sus archivos personales de fotografías, imágenes que presentan desenfoque voluntario y analice qué efecto produce en el observador.

Algunos de los desenfoques posibles son los siguientes:

- **Desenfoque gaussiano:** de manera suave y discreta, revuelve píxeles vecinos. Es el desenfoque más popular entre los usuarios de *Photoshop*. Se puede aplicar a zonas determinadas de la imagen, como por ejemplo rostros, por lo que resulta de gran utilidad para mantener ocultas identidades personales.
- **Desenfoque de movimiento:** trata de incrementar la sensación de movimiento de un objeto o sujeto que se encuentra, precisamente, en movimiento.
- **Desenfoque radial:** el efecto se produce a partir de un punto predeterminado de la imagen y de manera giratoria.

- **Desenfoque de forma:** permite realizar el efecto del desenfoque siguiendo un patrón de formas varias, a escoger entre las que se despliegan en una ventana emergente.

Los filtros se pueden aplicar a la foto entera o bien a partes de esta.

 Aplicación práctica

Francisco, que trabaja en una revista de corazón, tiene el encargo por parte de la editora de que prepare las fotos de un reportaje sobre la boda de un famoso torero. Le piden, eso sí, que tome las medidas necesarias para que no aparezcan reconocibles los rostros de los menores de edad, para no infringir las leyes de protección de datos.

¿Qué consejo le daría a Francisco para que pueda acometer bien su tarea?

SOLUCIÓN

Francisco podría utilizar un filtro para ocultar los rostros de los menores a fin de que no sean identificables. En concreto, podría aplicar el filtro gaussiano, uno de los más comunes y fáciles de usar, que permite difuminar las partes de una imagen que se deseen ocultar.

8. Retoques, degradados, fundidos y calados

Los programas de edición brindan una infinidad de posibilidades de manipulación de las imágenes para mejorarlas y/o adaptarlas a los requerimientos editoriales.

A lo largo del manual se han visto varias herramientas y maneras de hacer **retoques** con el fin, por ejemplo, de eliminar los ojos rojos, eliminar impurezas, suprimir objetos indeseados o restaurar una imagen antigua, entre otros. A esta lista se puede añadir el **retoque de los dientes para su blanqueamiento**. Para ello se puede hacer lo siguiente:

1. Abrir la imagen.
2. Duplicar la capa.
3. Seleccionar dientes que se quieren blanquear.
4. **Menú -> Imagen -> Ajustes -> Tono y saturación.**
5. Disminuir los valores de saturación a –60 aproximadamente.
6. Incrementar valores de luminosidad a +20 aproximadamente.

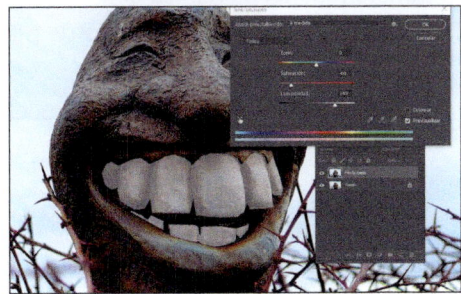

Photoshop brinda la posibilidad de hacer retoques para el blanqueamiento de los dientes.

Actividades

7. Para que se familiarice con el proceso de blanqueamiento de dientes, identifique una foto de una persona con dientes amarillentos y modifíquelos.

Los degradados constituyen otro recurso para realizar intervenciones en las imágenes. Un degradado consiste en la transición paulatina y gradual de un color a otro. Es una herramienta que permite crear un sinfín de efectos cromáticos, de sombras, fondos o iluminación.

Degradados de colores

Se distinguen diferentes tipos de degradados, dependiendo de la dirección en que tiene lugar la graduación del color:

- **Lineal:** la transformación se lleva a cabo en línea recta.
- **Radial:** la transformación se hace de manera circular a partir de un centro.
- **Angular:** la transformación se realiza a partir de un ángulo.
- **Reflejado:** la transformación se realiza con efecto de espejo.
- **Diamante:** la transformación adquiere forma de piedra preciosa.

Para aplicar el degradado, se puede seguir este proceso:

1. Abrir la imagen.
2. Duplicarla.
3. Seleccionar el elemento de la imagen al que se desea incorporar un degradado.

4. Seleccionar la herramienta de degradado.
5. Escoger los colores del degradado: el de partida y el de llegada.
6. Aplicar el degradado en la parte de la imagen seleccionada con ayuda del cursor.

El degradado puede aplicarse a zonas preseleccionadas de una imagen. (© Fotografía: Freepick.com)

Recuerde

Duplique siempre su imagen antes de introducir cualquier cambio, con el fin de no destruir la imagen original.

Por su lado, **los fundidos** (o fusiones) permiten enriquecer visualmente una imagen a través de la fusión de diferentes capas, con lo que se obtienen resultados muy creativos. La fusión hace referencia a la manera en que puede interactuar una capa con la que se encuentra debajo. Esta interacción está definida por algoritmos.

Las opciones de fusión (cada una correspondiente a un algoritmo diferente) se encuentran en la parte superior del panel de capas. Ahí se puede desplegar el menú de todas las fusiones posibles. Para llegar hasta ahí hay que seleccionar previamente dos imágenes y hacer lo que sigue:

1. Abrir la imagen.
2. Archivo
3. Colocar el elemento incrustado.
4. Seleccionar la capa con el elemento incrustado.
5. Seleccionar el tipo de fusión deseada y aplicar.

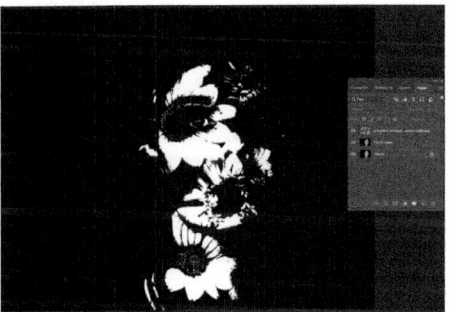

Diferentes tipos de fusión a partir de dos imágenes. (© Fotografía: Freepick.com)

 Actividades

8. Haga un repaso de carteles que vea pegados en la calle, que aparezcan reproducidos en libros o que vengan en internet, y trate de identificar cuáles han sido realizados con el recurso de fusión.

Otro recurso adicional para la edición de las fotos es el **calado,** una técnica que permite recortar con precisión una imagen, refinando los bordes. Es muy útil a la hora de separar una imagen de bordes complicados de su fondo original, para luego colocarla en otro fondo deseado que se ajusta más a los criterios editoriales o estéticos determinados.

| 149

Para ello, hay diferentes vías: usando la herramienta *Borrador de fondo* o bien seleccionando la imagen que recortar con cualquiera de las opciones disponibles y creando posteriormente una máscara de capa.

Calado de una modelo para colocarla en fondos diferentes (© Fotografía: Freepick.com)

 Sabía que...

Existen plataformas, como Canva, que brindan la posibilidad de usar la inteligencia artificial para editar y crear imágenes al gusto de uno.

9. Formatos digitales de archivo de imagen. Características y aplicación. Principios y algoritmos de compresión

A la hora de trabajar con imágenes para un producto editorial, hay que ser muy cuidadosos con su gestión, de acuerdo al uso y destino final que se le quiera asignar.

En este contexto, hay que tener en cuenta dos elementos muy importantes: por un lado la compresión de las imágenes y, por otro, el formato final más adecuado de acuerdo a los requerimientos editoriales. Ambos elementos están entrelazados, en tanto la existencia (o no) de compresión determina en gran medida el tipo de formato.

Como ya se mencionó en el capítulo primero, **la compresión** hace referencia al proceso de reducción de los datos a fin de disminuir el tamaño del archivo, evitando así que pese demasiado grande y ocupe mucho espacio a la hora del almacenamiento, a la hora de compartirla o a la hora de alojarla en un sitio de internet o dispositivo electrónico.

Existen dos grandes tipos de comprensión: la **compresión que conlleva pérdida de datos**, es decir, aquella que sacrifica alguna información de los bits originales a fin de aligerar el archivo original, y la **compresión sin pérdida**, que corresponde con aquella que, aun cuando reduce el tamaño/peso de la imagen, logra conservar toda su información de origen.

El proceso de compresión se realiza de manera informática a través de algoritmos que codifican de una u otra forma (dependiendo del algoritmo que se aplique) la información de cada imagen en cuanto sus bits constitutivos.

Los **principales algoritmos** que se aplican para la compresión son los siguientes:

TIPOS DE COMPRESIÓN	
CODIFICACIÓN SIN PÉRDIDA	**CODIFICACIÓN CON PÉRDIDA**
Codificación por longitud de secuencia RLE (*Run-length encoding,* en inglés): Es un algoritmo de compresión que codifica píxeles repetidos. De gran utilidad para imágenes sencillas, sin mucha variación cromática. Así por ejemplo, si hay una secuencia de bits como la que sigue: 0001100000110000, el algoritmo puede comprimir esa información y traducirla en 3, 2, 5, 2,4, donde cada número indica las veces que aparece repetido un bit determinado (3 veces el 0, 2 veces el 1, 5 veces el 0…).	**Codificación por transformación:** Elimina bits de la imagen original que, a través de operaciones matemáticas, considera prescindibles.
Codificación aritmética: Identifica y codifica aquellos caracteres de una imagen más usados que tienen menos bits, así como aquello con más bits y que son los menos usados. El resultado obtenido es una cantidad menor de bits.	
Codificación Huffman: Similar a la anterior, pero la reducción es menor.	
Codificación LZW (Lempel Ziv Welch): Es una conjunción de dos algoritmos antiguos, el LZ77 Y LZ 78.	
Codificación Flate/Deflate: Es un conjunción del algoritmo de Huffman y el LZ77.	

 Actividades

9. Explore más acerca de los algoritmos, qué son y qué otras aplicaciones pueden tener.

Dependiendo del tipo de compresión, la imagen se podrá almacenar en un tipo de formato determinado. **El formato,** que se explicita en la extensión de los archivos, hace referencia a su estructura interna, es decir, a la manera en que organiza sus datos constitutivos. De este modo, a la vez que define el tipo de compresión que admite, también habla de elementos tales como el tipo de contenido (lo que permite identificar si se trata, por ejemplo, de una imagen fija, una animación o un vídeo) la calidad de la imagen o la compatibilidad con programas y dispositivos. En función de si se trata de una imagen vectorial o rasterizada, se distinguen los siguientes formatos:

TIPOS DE FORMATO PARA ALMACENAMIENTO DE IMÁGENES

FORMATOS PARA IMÁGENES DE MAPA DE BITS	FORMATOS PARA IMÁGENES VECTORIALES
JPG: es el formato más común y el de mayor uso. Es un formato comprimido que permite guardar una gran cantidad de imágenes o transferirlas con facilidad. Como inconveniente, sufre una comprensión con pérdida.	**SVG:** formato que se usa para imágenes de carácter bidimensional de logotipos, gráficos, iconos. Es compatible con los *softwares* de diseño y los navegadores. Permite redimensionar sin pérdida de calidad.
TIFF: formato aconsejable para la impresión con calidad de las imágenes. Este tipo de formato admite una compresión sin pérdida de datos, conserva todas las cualidades originarias de la imagen.	**EPS:** formato de uso profesional que garantiza gran calidad de las imágenes. Es compatible solamente con algunos programas del entorno *Adobe*. Se recomienda para impresiones de alta definición.
PNG: formato que sirve para el almacenamiento de imágenes con fondos transparentes. No sufre pérdida de datos en su compresión.	**AI:** son los formatos *Adobe Illustrator*, un *software* de *Adobe* para crear y almacenar ilustraciones vectoriales.
GIF: formato que admite una compresión sin pérdida de calidad y el almacenamiento de imágenes animadas.	
PSD: formato del programa de edición de imágenes de **Photoshop,** por lo que guarda toda la información sobre la composición y el proceso de composición de la fotografía.	
PDF: Las siglas en inglés corresponden con *Portable Document Format* (formato de documento portable). Es un formato que admite tanto imágenes vectoriales como imágenes rasterizadas, así como una compresión sin pérdida.	

El tipo de formato y de compresión de una imagen dependerá de varios factores, pero sobre todo del fin último que tendrá, dependiendo del producto editorial que se quiera obtener.

Si se trata de una imagen que deberá ser impresa para un libro de arte, por ejemplo, se tendrá siempre el cuidado de optar por un formato y una compresión sin pérdida de datos, para garantizar toda la calidad y riqueza visual de la foto.

En cambio, si el destino final de la imagen es una página web o una aplicación en cualquier dispositivo electrónico, será de utilidad el uso de imágenes en formato JPG, aun cuando haya pérdida de datos; es más, será fundamental. Este formato permite incrementar significativamente la velocidad en la que se carga a la hora de navegar en una web determinada o abrir cualquier interfaz donde esté alojada. Ello forma parte de la optimización de la imagen en el entorno de la red de internet. Y es que el entorno del internet puede ser donde se vaya a alojar un proyecto editorial definido, o bien para su consulta y consumo, o bien para su venta/compra. Contrariamente al libro impreso, el libro digital, por ejemplo, demandará un tipo de imágenes que estén formateadas de tal manera que carguen rápido y no entorpezcan ni ralenticen la experiencia del lector o lectora.

 Sabía que...

Desde *Photoshop* puede realizar una compresión rápida de las imágenes en formato JPG, siguiendo esta ruta: Archivo -> Exportar -> Guardar para web.

La velocidad en que se cargan las imágenes no solamente es importante para garantizar la calidad de la experiencia del usuario, sino también el rendimiento del mismo sitio web. A su vez, el rendimiento del sitio web está vinculado con la eficacia de los motores de búsqueda. Y es que **los motores de búsqueda,** como puede ser el de *Google, Bing* o *Yahoo!,* por mencionar algunos, dan absoluta prioridad a los sitios webs que tienen un buen funcionamiento. Los motores de búsqueda son sistemas informáticos que recopilan y filtran información acerca de un tema de interés para el usuario que se encuentra realizando una consulta. A la hora de arrojar los resultados sobre la consulta, el motor de búsqueda hace una criba y presenta los enlaces de las webs que considera mejores.

 Recuerde

Los archivos formateados en formatos con compresión con pérdida de datos no son aptos para impresión.

Otro de los factores que influye de manera determinante en la optimización de los motores de búsqueda es la **calidad de los metadatos,** es decir, de aquellos datos que no son visibles para el usuario, pero sí para los rastreadores de los buscadores. De ahí la necesidad de que las imágenes que se incorporen estén acompañadas por una serie de metadatos que sean atractivos para los motores de búsqueda, con el fin de que los seleccione y no los descarte a la hora de hacer sus cribas.

Esta práctica de ajustar los contenidos de los datos a la forma en que los motores realizan sus búsquedas y filtran sus resultados es lo que se conoce como SEO, que en inglés significa *Search Engine Optimization,* es decir, optimización para motores de búsqueda. Tener un buen SEO puede ayudar a que el sitio donde esté alojado un producto editorial gane visibilidad en el océano inmenso del internet y aparezca en la primera página entre los diez primeros resultados a la hora de que un usuario haga una consulta específica sobre un tema al que está vinculado el producto en cuestión.

El SEO hace entonces referencia a los resultados orgánicos de tráfico en el sitio web (diferenciándose del tráfico pagado), según tres operaciones: el rastreo (búsqueda de información que despierta su interés por considerarla relevante), indexación (selección, sistematización y almacenamiento de la información recopilada) y posicionamiento (clasificación y orden en que presenta esa información cuando la requiere un usuario).

El SEO hace referencia a las estrategias para optimizar de manera orgánica los contenidos en internet, de tal manera que sean visibles en los buscadores.

El rastreo, la identificación y la selección de la información relevante se realizan partiendo de la calidad de la información de un sitio web; es decir, que el motor de búsqueda dará prioridad a aquellos contenidos que, considera, responden de la mejor manera a las consultas de los usuarios.

En este contexto, para que una imagen esté optimizada cara a los motores de búsqueda en función del SEO, habrá que:

- Denominar al archivo con un nombre que incluya una palabra clave.
- Incluir una etiqueta **Alt,** que sea breve y descriptiva (la etiqueta describe el contenido y se añade dentro del HTML). De esta manera, la fotografía gozará de un enlace directo en internet, rastreable por los buscadores y apto para ser compartido.
- Incluir un pie de imagen con las mismas características de información significativa que la etiqueta **Alt.**

? Sabía que...

En *Google*, las "arañas" vienen a ser los buscadores que van rastreando e indexando lo que encuentran a su paso de acuerdo con sus parámetros de calidad.

Actividades

10. Investigue por qué los profesionales expertos en SEO son tan demandados hoy en día.

Aplicación práctica

Román está muy contento porque está trabajando en un proyecto personal que le hace mucha ilusión: una página web especializada en la cultura de los discos de vinilo. Ya tiene seleccionadas varias fotos.

¿Qué le aconsejaría a Román en relación con las fotos y los motores de búsqueda?

SOLUCIÓN

Con vistas a la máxima optimización de la página, Román deberá en primer lugar comprimir las fotos en el formato JPG, con el fin de que no pesen mucho y de que, de este modo, no tarden mucho en cargarse. La velocidad de carga es un dato que los rastreadores de los buscadores tienen mucho en cuenta. Por otro lado, antes de subirlas y publicarlas en su sitio web, deberá incorporar metadatos: deberá darles un título y deberá asignarles una etiqueta **Alt,** siempre teniendo el cuidado de usar palabras claves, conforme a las preguntas que puedan hacer los usuarios que realizan búsquedas de información.

10. Adaptación técnica de la imagen al soporte final

Toda imagen que se haya seleccionado de acuerdo con los diferentes criterios vistos a lo largo del manual y que se haya debidamente retocado para asegurar su máxima calidad, deberá adecuarse técnicamente al soporte final donde aparecerá.

Para realizar esta adaptación técnica se pueden distinguir cuatro grandes operaciones:

- **Redimensión:** se trata de la adaptación del tamaño digital. Una imagen que será usada en un entorno digital no necesita tener dimensiones muy significativas, por lo que se puede reducir su número de píxeles. Asimismo, se puede dar el caso de tener que adaptar una foto de dimensiones elevadas a un soporte final de menor tamaño, como pudiera ser un marco de fotografía. Para ello se puede hacer lo siguiente:

  1. Abrir la imagen original que adaptar.
  2. Abrir el archivo nuevo con las medidas deseadas.
  3. Arrastrar la imagen original en el archivo con las medidas deseadas.
  4. [Ctrl + t] para sacar los tiradores de la imagen original.
  5. Superponer el vértice inferior izquierdo de la foto con el vértice inferior del archivo en blanco de las medidas deseadas.
  6. Presionar [Shift] mientras se arrastra el tirador del vértice opuesto de la imagen original hasta hacerlo coincidir con el vértice del archivo con medidas finales deseadas.

- **Resolución:** adaptar la resolución de la imagen, acordándose de que aquella que se publicará en un entorno digital no tiene por qué ser mayor a 72 ppp y la que se habrá de imprimir deberá contar con una resolución de 300 ppp.
- **Formateo:** tras la edición de toda imagen habrá que asignarle el formato deseado, según el uso que se le va a dar: JPG, TIFF, GIF, etc.

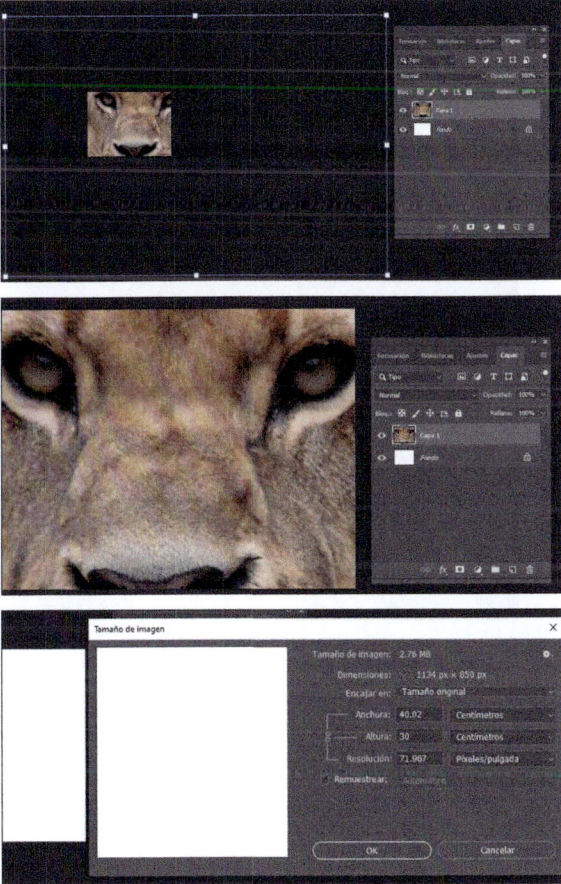

■ **Compresión:** de acuerdo con lo repasado arriba, la imagen deberá ser (o no ser) comprimida en una u otra forma, dependiendo también del uso final.

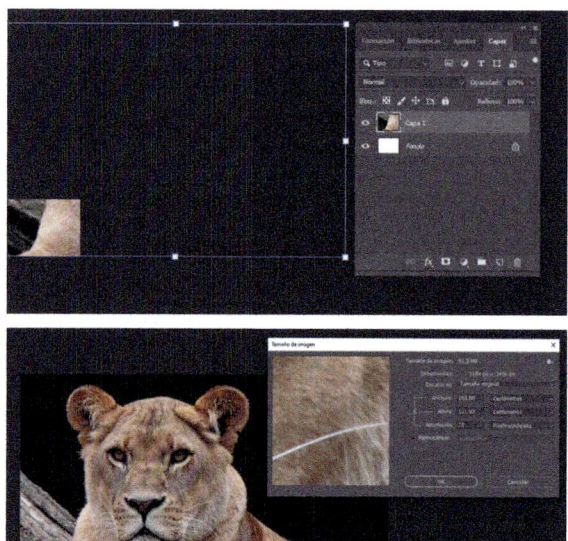

Proceso de adaptación de una imagen original que mide 182,88 x 121,92 cm a una medida final de 40,02 x 30 cm (© Fotografía: Freepick.com)

11. Resumen

Tras la selección y el retoque de una imagen para incorporarla en un producto editorial, es necesario tener en cuenta una serie de factores, con vistas a su adaptación final.

Para ello, habrá que tener claridad en la diferencia principal entre una imagen de píxeles y una imagen vectorial, que es posible escalar sin riesgo de perder calidad y resolución. En el caso de una imagen de píxeles, siempre está el recurso de la interpolación, en caso de que fuera necesario imprimir la imagen a un tamaño mayor al recomendado por su tamaño digital original.

Otros tipos de ajustes tienen que ver con las adecuaciones geométricas. En este sentido puede ser de utilidad proceder a algún recorte de la imagen, aun cuando habrá que tener cuidado de respetar las proporciones para que no aparezca distorsionada (a no ser que sea el efecto deseado).

Por otro lado, se habrá de ajustar el espacio de color según las condiciones de reproducción, teniendo en cuenta que el CMYK es el que es apto para la reproducción física, es decir, su impresión, mientras que el entorno RGB es adecuado para imágenes que se difundirán en soportes electrónicos.

Los valores de saturación, contraste y brillo siempre habrán de ajustarse, así como el equilibrio de color para las imágenes en cuatricromía o el equilibrio de gris para las fotos en blanco y negro.

De igual manera, es posible que se tenga que recurrir a los filtros para destramar, terminar de enfocar o, si se necesita incorporar una sensación de movimiento, desenfocar una parte o la totalidad de la imagen. Asimismo, se pueden realizar retoques finales como degradados, fundidos o calados. Estos últimos son de gran utilidad para poder separar una imagen con bordes complejos (como la cabellera de una persona) de su fondo y poderla plasmar en otro contexto.

También habrá que tener en cuenta el factor peso: las imágenes (sobre todo las de muy alta calidad) pueden pesar mucho, lo que puede dificultar su almacenamiento y su gestión en general. En este caso, habrá que comprimirla en un formato adecuado, teniendo en cuenta que algunas compresiones implican pérdida de datos.

A parte de la compresión, el formateo o la resolución, también habrá que tener en cuenta la necesidad o no de redimensionar una foto en el caso por ejemplo de que se quiera adaptar una imagen que de origen tiene unas dimensiones elevadas a un soporte final de menor tamaño.

Adicionalmente, en el caso de las imágenes que se destinarán a un entorno de web, será necesario realizar una serie de operaciones a fin de optimizar su visibilidad en internet a través de los motores de búsqueda: introducir metadatos, asignarle etiquetas **Alt** o generarles un htlm.

Ejercicios de repaso y autoevaluación

1. Explique en qué consiste una imagen de mapa de bits.

2. Explique en qué consiste una imagen vectorial.

3. Escoja la respuesta correcta. Indique qué es un vector.

    a. Es un concepto geométrico.
    b. Es un concepto gráfico.
    c. Es un concepto matemático.
    d. Es un concepto aritmético.

4. ¿Cuál es una aplicación muy difundida de gráfico vectorial?

_____

_____

_____

_____

_____

_____

_____

5. ¿Cómo se llama el *software* para la creación de imágenes vectoriales que se utiliza normalmente en el entorno editorial?

    a. *Photoshop*
    b. *Illustrator*
    c. *InDesign*
    d. *Corel Draw*

6. Determine si las siguientes oraciones son verdaderas o falsas.

    a. La interpolación es un recurso que existe para tratar de disminuir la resolución.

        ☐ Verdadero
        ☐ Falso

    b. El tamaño ideal de impresión depende de la dimensión digital y de la resolución deseada.

        ☐ Verdadero
        ☐ Falso

    c. Cuanta mayor resolución se quiera obtener, mayor será el tamaño de la impresión.

        ☐ Verdadero
        ☐ Falso

d. El valor de la resolución viene predeterminado y no se puede modificar.

☐ Verdadero
☐ Falso

7. **Enumere y explique los diferentes tipos de interpolación posibles.**

8. **Explique qué es un ajuste geométrico y por qué se trata de una modificación de la arquitectura de la imagen que no afecta a sus píxeles.**

9. **Explique en qué consiste el espacio de color CIELAB.**

10. Enliste los diferentes espacios de color que existen y diga en qué se diferencian.

11. ¿Qué es el efecto *moiré* y qué opción brinda *Photoshop* para neutralizarlo?

12. Mencione diferentes tipos de desenfoques posibles.

13. ¿Qué es un degradado y qué efectos permite realizar?

14. Determine si las siguientes oraciones son verdaderas o falsas.

a. Existe un solo tipo de degradado.

☐ Verdadero
☐ Falso

b. A través de *Photoshop* es posible blanquear dientes amarillentos.

☐ Verdadero
☐ Falso

c. El fundido es un recurso que aísla una capa de otra impidiendo la interacción.

☐ Verdadero
☐ Falso

d. El calado permite recortar a la perfección los bordes complicados, como el cabello de una persona.

☐ Verdadero
☐ Falso

15. ¿Cuál es la diferencia entre una compresión con pérdida y otra sin pérdida?

Bibliografía

Monografías

❙ ANG, Tom: *Fotografía. La historia visual definitiva.* Barcelona: Ed. DK, 2015.

❙ ARRANZ Molinero, Daniel: *Domina el retoque con Photoshop: guía completa para el procesado de fotografías.* Madrid: Ed. J de J, 2018.

❙ BELTING, Hans: *Antropología de la imagen.* Buenos Aires: Katz Editores, 2007.

❙ FERNÁNDEZ Coca, Antonio: *El arte de la ilustración: del concepto al éxito.* Madrid: Ed. Anaya Multimedia, 2012.

❙ HELLER, Eva: *Psicología del color: cómo actúan los colores sobre los sentimientos y la razón.* Barcelona: Ed. GG, 2004.

❙ ITTEN, Johannes: *El arte del color.* Barcelona: Ed. GG, 2020.

❙ KELBY, Scott: *Manipula tus fotografías digitales con Photoshop.* Madrid: Ed. Grupo Anaya Publicaciones Generales, 2015.

❙ TASCHEN (Ed): *El libro de los símbolos. Reflexiones sobre las imágenes arquetípicas.* Madrid: Ed. Taschen, 2011.

Textos electrónicos, bases de datos y programas informáticos

CLAUDIA, M.:17 Ilustradoras e ilustradores españoles (lista 2024), de:
<https://thecolor.blog/es/ilustradores-espanoles-famosos/>.

Fototeca del Instituto del Patrimonio Cultural de España, de:
<https://ipce.cultura.gob.es/documentacion/fototeca.html>.

GARCÍA, S.: Diez obras de arte perfectas gracias a la proporción áurea, de:
<https://culturainquieta.com/arte/pintura/10-obras-de-arte-perfectas-gracias-a-la-proporcion-aurea/>.

Glosario de fotografía digital, de:
<https://www.decamaras.com/CMS/component/option,com_glossary/Itemid,255>.

Glosario de términos fotográficos. En Blog del fotógrafo, de:
<https://www.blogdelfotografo.com/glosario-terminos-fotograficos/>.

La teoría de los colores de Johann Wolfgang Von Goethe. Documental, de:
<https://www.bing.com/videos/riverview/relatedvideo?q=GOETHE:%20
Teor%C3%ADa%20de%20los%20colores&mid=F09C6F0DA1EE6A1BB382F09C6
F0DA1EE6A1BB382&ajaxhist=0>.

MININI, Andrea: Artista del moiré, de: <https://andrea-minini.com/>.